30代でやるべきこと、やってはいけないこと

井上裕之

フォレスト出版

まえがき

「最初の一歩」を踏み出そう！

「最初の一歩」を踏み出せるか？

本書を手にとっていただき、ありがとうございます。

あなたは30代（もしくは20代後半、40代前半）で、

「これからの仕事や人生をどうやっていこうか？」

と考えていることでしょう。**多くの同世代の人がそんなことも考えずに日々を過ごしていることを考えると、あなたは「人生の勝者」になる資格を十分持っています。**

では、あなたに足りないものとは何でしょうか？

それは、「最初の一歩」だけです。**地位、収入、パートナー、人間関係において、「自由に選択できる人生」**を手に入れるための「最初の一歩」です。

私は、**「幸せとは自由に選択できる人生」**だと思っています。なぜなら、私は自分の人生を諦めたくないからです。私にかかわるすべての人に幸せになってもらいたいからです。

「もしも、最愛の人が病気になったとき、お金も時間もなく、あなたは何もしてあげられないとしたら……」

「もしも、あなたに力がないがために、子どもに夢を諦めてもらわないといけないとしたら……」

「もしも、人生最大の投資チャンスがきたときに、余裕がないためにチャンスを逃したとしたら……」

「もしも、運命の人に出会ったのに、自信も魅力もなかったとしたら……」

……など、もう人生で諦めるのはやめましょう！

本書には、あなたが40代、50代になったときに、素晴らしい人生を送るための方法が書いてあります。

そして、**そのための「最初の一歩」を簡単に踏み出せるように潜在意識に働きかける仕掛けがしてあります。**だから、本書を読み終えたとき、あなたは人生を面白く感じることができるようになるはずです。

34歳のときに事故に遭う

私は34歳のときに大事故に遭いました。そのときのことはベストセラーとなった『自分で奇跡を起こす方法』（フォレスト出版刊）で詳しく書いたので省略させていただきますが、そのとき私が感じたのは「行動」でしか人生を変えられないということです。だから、あなたに「最初の一歩」を踏み出してほしい。

私は事故というきっかけで人生が変わりました。一度の人生に悔いを残したくないと誓いました。そしてただ、あなたには、本書をきっかけにして人生を変えてもらいたい。

20代と30代では全然違います。20代は目の前のことをガムシャラにやればいい時代です。しかし、30代は違います。その後の人生を見据えて戦略的に行動する必要があるのです。人によっては、

「人生はいつからでもやり直せる」

といいますが、本当にそうでしょうか?

40代後半、50代、60代から何かを始めても遅いのはわかっているはずです。

あなたが理想とする人生を手にするためには30代が最後のチャンスなのです。よりよい40代、50代を過ごすためには、いま行動することしかないのです。

潜在意識すら活用する!

こういった話をすると、多くの人が、

「そんなことわかってるよ。でも、行動できないから困ってるんじゃないか？」
といいます。
私も同じでしたから、よくわかります。だから本書では「潜在意識」について書きました。「潜在意識」を活用することにより、驚くほど行動できるようになるからです。
第1章では、「30代で動かなければいけない『理由』」、
第2章では、「成長するために必要な『潜在意識』の使い方」、
第3章では、「30代の『仕事』の選び方」、
第4章では、「30代における『お金』と『時間』の使い方」、
第5章では、「『出会い』と『コミュニケーション』の技術」、
第6章では、「自由に選択できる人生を手に入れるための方法」、
第7章では、「30代でやってはいけないこと」
について書きました。
ぜひ、本書を読んで面白い人生にしてください。
一緒に「最初の一歩」を踏み出しましょう。

井上裕之

30代でやるべきこと、やってはいけないこと

もくじ

もくじ

第1章

もしもあなたが39歳だとしても……

〜30代に動かなければいけない理由〜

人生は残酷かもしれない

10年後の自分を思い浮かべることはできますか。

それは、どんな自分ですか。生活に余裕を持ちながら、自由に、やりたいことに思いっきり取り組んでいる自分の姿でしょうか。それとも、汲々《きゅうきゅう》とした生活に追われ、あくせく仕事をしている姿でしょうか。

前者と後者との違いは、じつは紙一重の差です。

なぜ、紙一重なのでしょうか。

理由は、あなたの考え方ひとつで、人生はどちらにも転びうるからです。

あなたはこれまでも仕事に努力を注いできたに違いありませんし、今後もそれをつづけていくでしょう。そのときに人生がどちらに転がるとしても、そこに注ぐあなたの労力と時間はほとんど変わらないはずです。にもかかわらず、人生は情け容赦な

く、成功者とそうでない者とにわけられてしまいます。

両者は、マラソンのトップ集団と、そのトップ集団にどんどん水をあけられる後続ランナーのようなものです。同じように頑張っているはずなのに、両者の距離は拡大するばかりとなり、やがて後続ランナーはトップランナーの後ろ姿さえ視野に捉えることができなくなります。はるか後方にひとり取り残されてしまえば、「もはや完走するしか道はない」と諦めの境地に浸り、会社で仕事をつづけていくしかなくなります。

マラソンの場合は、1位でゴールに飛び込むのはひとりにすぎません。参加者が100人いれば、たとえ1位でなくても自分の努力が順位に結びついて、その結果に満足する人はいるでしょう。

ところが、人生の夢や目標を達成することは順位づけが効かない世界で、達成した人はすべて1位、達成できなかった人はすべて100位です。「20位以内に入ったのだから、よくやった」などという満足感は、おそらくどこにもありません。私もこの歳になってつくづく感じますが、人生はゼロサムゲーム、白か黒かなのです。

白か黒かの人生が、その人の考え方という紙一重の差でわけられるとしたら、これほど恐ろしい話もないでしょうし、逆にいえば、これほど勝ち組になることが簡単な話もありません。

そうなのです。私がこれからあなたに伝えようとすることは、簡単かつシンプルに、自分を勝ち組にするための方法についての話です。

人生で成功するための正しい考え方を身につけ、その考えに従って行動し、自らを成長させていけば、夢や目標を叶え、自由度が高く、年齢を重ねていけばいくほど末広がりに可能性が開けていくような人生を手に入れることは、あなたがいま想像しているほど難しいことではないのです。

★30代で人生を変える言葉1

紙一重で人生の勝敗は決まる！

多くの人が「人生の仕組み」に気づいていない！

私は、歯科医師という職業柄、現実主義者ですし、合理主義者でもあります。理想を追い求めるばかりの夢想家では、メスを握って手術に向かうことはできないでしょう。

しかし、その半面、私は一途な理想主義者という顔も持っています。患者さんにとって理想的な治療計画、理想的な手術、理想的な歯の再構築など、いつも理想の姿をイメージし、それを実現することに全力を傾けています。このことは、自分の人生についても、同じです。自分の人生はどうなることが理想か、つねに理想のイメージを大切にして、人生の組み立てを考えてきました。もちろん、若い時分はそれなりの理想像でしたが、ちょうど30歳を過ぎて歯科医院を開業したころから、より明確な自分の理想像を意識するようになりました。

その理想像が、いまの私の存在と活動に、余すところなく反映されています。自分でいうのは面映《おもは》ゆい気もしますが、海外から私の病院にやってくる患者さんに最高レベルの治療を提供しながら、大学で教べんをとり、定期的に著作を世に問い、講演を行い、そのいっぽうで、健康のために啓蒙を行い、海外のさまざまな国を旅行しつつ一流とされる文化に触れたりしてゆとりの時間も楽しむことも忘れません。

「なぜそんなにたくさんのことができるのですか」

たいていの人が不思議がりますが、私とてスーパーマンではありません。それだけのことをするためには、それを可能にするさまざまなやり方があります。

たくさんのことが私にできる秘密は、夢や目標に近づいていき、人生のステージが上がれば上がるほど、たくさんのことができる仕組みが備わってくる点にあります。

ところが、その仕組みが存在することに、人はなかなか気づきません。なぜなら、一生懸命に頑張って人生のステージを上げていかなければ、人はそういう仕組みがこの世界にあるということがわからないからです。

★30代で人生を変える言葉2

理想の人生を送るための仕組みをつくれ!

30代で身につけるべき考え

歯科医師であり、病院の経営者であるからこそできることだと、往々にして決めつける人がいますが、けっしてそうではありません。企業に勤める幹部サラリーマン、あるいは経営者にまで上り詰めたような人を眺めると、私と似たような立場を築いている人は珍しくありません。

なぜ、彼らにそれができたのか。頭がずば抜けて優秀だったのか。それとも、人並み外れた才能があったのか。もちろん、それがないとはいいませんが、むしろ着目すべきポイントは、彼らにそういう立場を築くことを可能にさせた要因が頭脳の優秀性や才能の高さではなかった、という点です。

こうした成功者に共通するのは、「私は運が良かった」という言葉です。自分よりも優秀な人間、才気走った人間はいくらでもいたけれど、「私は、彼らとは違って、

自分のやるべきことを淡々とやってきた。その結果がいまの私です」というわけです。
もうひとつ彼らに共通するのは、30代で普通の人とは異なる考え方を身につけ、その考えに沿って行動し始めている点です。

そして、彼らと深く話し込んでその成功の要因を探ると、やはり、それは自分の人生に対する考え方にあるとしか捉えようがないのです。

★30代で人生を変える言葉3

「30代で考え方を変えなければいけない！」

40代、50代になったとき

私は自分に対して圧倒的に努力することと、難しい人間関係の中で自分の立場を構築することの2つを大切にしてきました。これらを同時に実現することは、その後、私の目標達成のための戦略の根幹になりました。

もちろん、私がこのことにはっきりと気づいたのは、大学院を修了して、病院を開業してからのことですが、いまではこの戦略に基づけば、なしえないものはない、とさえ考えるようになっています。

さて、私はよく講演などでも、圧倒的な努力の大切さを、お伝えしますが、そのときにしばしば口の端にのぼるネガティブな反応は、**「圧倒的な努力をこの先もずっとつづけていかなければいけないというのは、どことなく苦しそうに感じるのですが」**ということです。

現代は、社会に閉そく感が蔓延《まんえん》しつつも、努力なしに大金を稼いだり、人生の成功が降って湧いたりするファンタジーが真顔で語られるきわめて歪《いびつ》な時代です。そんな中で、「努力」ということを強調すれば、たしかに苦しいことのように感じる方がいて不思議ではありません。

しかし、私たちが人生において注ぐ努力は、成功する人もしない人も、そのために必要とする時間と労力に大差はありません。結局のところ、努力に苦しいものというイメージを持っている人は、それが成功に結びついたという経験がないから、そう感じるだけのことです。

ですから、この本を手に取ってくれたあなたには、ぜひとも、努力を大きな結果に結びつけてほしいと思います。結果が生まれれば、努力がネガティブなものであるかのように捉える感覚は生まれようがありません。

なぜなら、たとえそれが「圧倒的な努力」という語感的に重いものであっても、そこから得られる結果がたいへんに大きいことを目の前にすれば、それは「かわいらしい努力」というくらいに、楽なものであることが必ずや理解できるようになるはずだからです。

人生を成功に導くためには、まずは考え方がそれを決めるということを学ばなければなりません。

この考え方が身につけば、あなたの30代が豊かになるだけでなく、10年後に40代になったときに、20年後に50代になったときの人生がさらに豊かなものになるはずです。なぜなら、私はもう少しで50代を迎えることになりますが、私が30代のときに気づいたこの考え方によって、私の人生はいまだに豊かさを増しつづけ、自由に選択できる人生の幅をさらに広げる作用をもたらしているからです。

これはけっして難しいことではありません。

具体的にどう考え、何をすればいいかということをさっそくひとつひとつ解説していくことにしましょう。

★30代で人生を変える言葉4

自由に選択できる人生をつくれ！

子どもの成長と同じように

私たちはよく「理想」という言葉を使います。

いうまでもありませんが、理想というのは、考えうる最高の状態のことです。

人は若いころに、誰もが自分が理想とするものについてあれこれ考えます。たとえば、理想的な社会、理想的な会社、理想的な結婚相手など。理想的な自分の未来像についても、いろいろ考えたことでしょう。そうした思弁をくり返した結果が、現在のあなたの職業選択やキャリアなどに結びついているわけです。

しかしながら、社会に出て経験を積んでいくと、理想について考えることから、多くの人が離れていきます。

「現実は理想どおりにならないし、理想を考えても仕方がない、もっと現実的に対処することが重要だ」

と、理想を追うことがネガティブなことであるかのように教育されてしまうのでしょう。

現実的な解決策や処世術というものは、たしかにとても重要です。ところが、現実という枠の中でうまく生きる術を身につけるだけでは、大きな成長は望めません。

現実というのは、じつはせいぜい半径数百メートルの世界です。

たとえば、人間の視力を例にとると、見る対象から３００メートルから４００メートルも離れれば、そこに遠近感を感じとることができません。いまふと顔を上げたとき、かりにあなたの目の前３００メートル先に広がる景色が一面の巨大な写真パネルだったとしても、人間の脳はそれが現実か虚構か識別できないのです。

視力と現実との間に何の関係があるのかと思うかもしれませんが、人間のあらゆる欲望は「見る」ことによって始まり、強化されていきます。逆にいえば、人間は見えない事柄に関心も興味も湧きません。

だからこそ、現実の世界を離れ、空想することは、人間が成長するための不可欠の要素です。空想したり、理想をイメージしたりする能力が人間に備わっていなければ文明の発達もなかった、といわれるのは、こうした原理に基づいているのです。

同様のことが、人生の成功についてもいえます。**現実を離れて空想したり、理想を追い求めたりすることがなければ、人間が成長することも、人生に大きな成功がもたらされることもありません。**このことは、子どもの成長を考えればごく当たり前のことですが、なぜか一人前の社会人になると、どうしても忘れがちになります。

理想の自分について意識的に考えることは、このようにとても重要なことです。現実の仕事や生活に流されている自分から離れ、もう一度、理想の自分、理想の人生を突き詰めてイメージしてみることが、じつは30代でしっかりと行っておくべき重要な作業のひとつなのです。

★30代で人生を変える言葉5

自分にとっての「理想の自分」を考える!

どんな大人になりたいのか?

考えてみれば、20代のころの理想は、単純なものだったのではないでしょうか。たとえば、自分が目指した分野で一流になりたいとか、プロとして認められたいとか、あるいは他人にカッコいいと思ってもらえる存在になりたいとか。

そうした漠然とした理想のもとで突っ走ることができるのが、若さの特権というものでしょう。いま振り返れば、私も、一流といわれる歯科医師になりたいという思いで、20代をひた走ってきたように思います。

あなたも、そういう思いを持って、さまざまなことに取り組んできたでしょう。ところが、30代で抱く理想がその延長線上にあるかというと、ちょっと違います。というのも、30代で抱く理想は、自分の欲求を満たしていくこととは離れた部分で、再構築されていくものだからです。

20代で抱く理想とは、たいていは自分の能力向上と深く結びついたものです。人間は、これができるようになりたいと強く思っている間は、そのことが大きな唯一の価値のように感じるものです。ところが、それが実現してしまうと、もはやそこに大きな価値は感じられなくなります。そこで、次はこれができるようになろうと考え、それを実現させる……という具合に、どんどん先に進んでいきます。

とはいえ、できるようになったさまざまな事柄は、まだ「いろいろできる」というにすぎません。たいていの人は、キャリアを積んでいく中で、そのときどきに獲得したバラバラの能力を何とかひとつに統合し、一人前のプロになっていくわけです。

しかし、残念なことに、ある意味でそこが終点になってしまいます。それはそれで立派なことですが、若いときにイメージした理想の自分の範囲だけで完結してしまいます。たいていの場合、その理想は、若いころにイメージしたがゆえの限界を持っているわけです。

いっぽう、**30代で描くべき理想の自分というのは、20代のときに描いた理想の範囲を大きく超えたものであるはずです。**

これは、当然のことでしょう。

それは40代、50代、あるいは60代になったときの自分の理想の姿を規定するものですから、若いころに自分がいつまでも若いままであると錯覚していたときの理想とは、一味も二味も違っているのです。

30代で描く理想の自分をわかりやすくいうと、次のようなことです。

若いころにはたいていの人が、年配者に対して「こんな大人にはなりたくない」という感覚を持っていたでしょう。では「どんな大人になりたいのか」ということに、明確な答えを出すべきときが、30代だということです。

★30代で人生を変える言葉6

20代と30代は全然違うことを認識しろ！

行動しか人生を変えられない

自分の理想に向かって懸命に突き進もうとするときに、同僚や先輩がポジティブな評価をしてくれることは少ないと思います。

しかし、あなたは手本となるような素晴らしい人との出会いを求め、その結果、自分の理想に向かってなすべきことをなすという決意を持つようになっていくと思います。そのときに、他人があなたをどう見るかということはもはや何も関係がありません。あなたは、40代の成長した自分、50代の成長した自分に向かって突き進もうとしているのですから、そのことを淡々とやりつづけていけばいいだけです。

淡々とバランスよく成長していくことが10年後、20年後に、あなたと会社の同僚や先輩たちとを大きく隔てる差になっていきます。マラソンランナーにたとえれば、淡々と自分がなすべきことに取り組んだそのときから、あなたは後続ランナーをじわじわと突き放し始めているのです。

もちろん、なすべきことをやり尽くすといっても、人生はマラソンですから、42・195キロメートルを全力疾走で走りなさいといっているわけではありません。ただ、あちこちに目を奪われることなく、不断の努力を傾けることです。自分が突き進んでいる方向をつねに見据えて、目を逸らさないことです。

そして、「仕方がない、あいつは、やるといったらやる人間なんだから」という周囲の評価がどれほど価値あるものか、それを捉え直すべきでしょう。

講演で私がよく受ける質問のひとつに、**「やるべきことをやりたいのだが、周りの人にそれを認めてもらえない」**というのがあります。

しかし、私の答えはじつにシンプルで、「周りの目を気にせずに、やるべきことをそのまま淡々とやりつづけなさい」、

ただそれだけです。

その理由は、人間が生み出す最大の説得力は、行動することのほかにないからです。どんなに理屈を述べ立てるよりも、行動しつづけることが周りの人間の納得を生むからです。

ひとり淡々とやるべきことに取り組むことこそが、自分の存在を周りに認めさせ、評価を高める第一歩なのです。

★30代で人生を変える言葉7

「知識は力ではない。行動こそが力である！」

原因と結果の法則

原因と結果の法則というものがあります。

やるべきことをやれば、やった結果は必ず出るという、ごく当たり前の法則です。

最近読んだ本の中である仏教のお坊さんが書いていました。

やるべきことをやった結果は、それがすぐ出るか遅く出るかは別にして、必ず出る。それは人生の中で一分一厘とも裏切ったことはない。私は90年生きてきて、そのことに到達した、と。

当たり前のことですが、90年生きてきた人が到達した結論として受け止めると、「深い言葉だなあ」と感じます。

原因と結果の法則では、努力に対して必ず結果が出ることのほかに、もうひとつ不変の法則というものがあります。それは、小さな努力に対しては小さな結果が、大きな努力に対しては大きな結果が出ているということです。これもまた、裏切ることはありません。

このことは、あらゆる歴史についても成り立つものだと、私は考えています。

たとえば、歴史上の戦記には、少数が多数に勝利するケースがしばしば見受けられます。なぜ、圧倒的少数が多数に勝ったのか、戦記の記述者もその点に圧倒的な関心を寄せ、その模様を後世に描き残そうとします。

歴史的に有名なところでは、紀元前5世紀ごろにギリシャとスパルタの連合軍が500万を超えるペルシャ軍と戦って勝利したペルシャ戦争、1万の曹操軍が10万の袁紹軍を退けた『三国志』の官渡の戦い、6万のローマ軍が40万のガリア軍に勝利したガリア戦争のアレンシア包囲戦などでしょう。もちろん、敵の大軍の戦力はじっさいよりもはるかに誇張されたものだという後世の検証も行われていますが、それにしても数の力が圧倒的にものをいう戦争において、なぜそんなことが起こったのか、それぞれに興味は尽きません。

しかし、どんなに予想を超えた理由を探したとしても、そこに万人が膝を打つような、わかりやすい事情が存在することは稀《まれ》です。天変地異が味方したという事実でもなければ、少数は多数に、勝つべくして勝ったという以外にありません。なぜ勝つべくして勝ったのか、ここでも原因と結果の法則が働いているからです。つまり、戦術における圧倒的な努力が、勝利という結果に結びついているのです。

何か理解の及ばないことが起こると、人はつねに、そこに何か想定外の裏切りやヒューマンエラーを感じ取ろうとします。

たとえば、「圧倒的に有利な形勢だったものの、思わぬ誤解が伝えられたことで戦局が一変し……」といった感じです。ところが、こうした記述のほとんどは、戦争遂行者に都合よくつくられた言いわけであることがほとんどです。

集中力の極みにある人間の状態を自分の身に寄せて考えると、私には、生死を分かつ戦争でこんなポカが生まれるとは想像がつきません。ヒューマンエラーが本当に勝敗を左右したとしたら、それはその人物がエラーを起こすに足る状況があらかじめ生まれていたということであり、その意味では、勝者は勝つべくして勝ったし、敗者もまた負けるべくして負けたという考えが自然なのです。

★30代で人生を変える言葉8

人生にエラーはない！

理想の人生は戦略的に手に入れる

私が、なぜこのような話をするかといえば、人生の成功を実現させるためにも、勝つべくして勝つ戦略があるということをいわんがためです。

私は、これまでの内容の中で、大きく3つのことを紹介しました。

ひとつは、30代になったら新しい理想の自分を見つけること。

2つ目は、知識と技術をバランスよく磨き、人間的にもバランスのとれた自分を目指すこと。

そして最後に、理屈ではなく行動で相手に示し、圧倒的な説得力で自分の存在を周囲の人に認めさせること。

組織の中で生きながら、自分が目指す夢や目標を達成するためには、この3つが欠かせません。そのいずれも、特別に難しいことではなく、考え方を改めるだけで、すぐにでも実行できることです。

そして、この３つのことができてはじめて、人生の成功を手に入れるための戦略を描くことができます。

戦略というと、何やら大げさに聞こえるかもしれませんが、着実に夢や目標を実現するための計画ですから、戦略というほかありません。

私は、『奇跡力』（フォレスト出版刊）の中で、奇跡は戦略的に引き寄せるものだということを紹介しました。この本の中で奇跡は、偶然ではなく、必然からなるものであり、私の伝えている12の法則を実践することで、どうすれば奇跡を起こすことができるかということをつづったものです。

ビジネスマンであるあなたは、奇跡といってもあまりピンと来ないかもしれません。しかし、奇跡を人生の成功に置き換えたとき、それもまた私の中では戦略的に実現するものに映ります。なぜなら、私は、大学院を修了してから自らの病院を開業したころにかけてイメージした理想の自分を、それこそ戦略的に実現してきたからです。

人生の成功は、特別に好運な人間の頭上に突然、降ってくるものではありません。

もしも、それが特別に好運な人間に降ってくるものだとしたら、私たちは指をくわえて待つほかはありません。努力をするまでもないのです。

ところが、すでにご存じのように、待つだけの人が人生の成功を手に入れた例はありません。成功を手に入れた人は例外なく、それを強烈に望み、一定の方法論に基づいてそれを手に入れる努力を重ねた人たちです。

そこに、「望めば叶う」という法則を導いた人たちもいますが、私はむしろ成功した人たちに共通するのは、戦略的にそれを手に入れている点だと考えています。

そして、私は私の考えにしたがって30代、40代を過ごし、自分が考えたとおりの結果を出すに至ったのです。もちろん、それはまだ本当の人生のゴールではありませんが、私なりの成功の途中経過として、成功の戦略性について述べておきましょう。

★30代で人生を変える言葉9

3つのことをやれ!

30代で動く最大の理由

私は、早くから、20代は自分の仕事の専門性に集中し、とにかくすべてのことを受け入れながら徹底して仕事に取り組む時期だと考えていました。その点は、大学院を最短で修了したエピソードからもわかっていただけると思います。

当時、自分の30代というものをどう捉えていたかというと、20代で身につけたものを実践し、その成果に対する自信を深めていこうと思っていました。

そのためには、経験も技術力も上手の目上の人たちとしっかりとコミュニケーションをとることも大切ですし、人間関係も磨き上げていかなければなりませんから、40代に向けて指導者として生きていくリーダーシップを学ぶことを考え、実行するようになりました。同時に、病院経営という面では、組織論やマネジメント、マーケティングを学ぶことも必要ですし、人を理解するためには心理学、人間学なども欠かせません。

そういうことを学ぼうとする同業者がいない中で、30代の私は、それこそ淡々と多くの学びに集中しました。

40代になると、今度は、そうした学びをすべて総合した中で、知識と技術だけではなく、自分の人間性を含めた総合サービスとして歯科医療を提供することを心がけるようにしました。40代は、理想の自分を実現する最後の足場固めの時期と考え、50代に向けてもっと可能性が広がる実力と実績をつくることを目指したのです。

なぜ、10年単位で人生の発展段階を考えたのかといえば、50代になったときに、同業者が誰も追いつけないくらいに先行し、決定的に水をあけてやろうと考えていたからです。

50代になれば、そこからスタートして大きな能力を身につけられる人はいません。残酷なようですが、年齢とはそういうものです。

たとえば50歳で司法試験に合格した人は、新聞ダネとして一時的にもてはやされるでしょうが、じっさいに雇ってくれる弁護士事務所はもはやありません。職業として成り立たせることを考えると、その年齢のスタートでは致命的に遅いのです。もちろん、40歳で司法試験合格という場合でも、その可能性は50歳よりもましだという程度でしかありません。30歳までに合格しなければ、その後に積むべきキャリアを考えると圧倒的に不利に働きますし、その意味では大学在籍中に合格するのがベストになるわけです。

私は、年齢という非常に現実的な問題を早くから意識していました。だからこそ、大学院を４年で修了することが何よりも重要だと考えていました。27歳で修了する人と、30歳で修了する人とでは、20代の貴重な3年間というとてつもない大差がつくと考えたからです。

人生の成功を手に入れるためには、年齢というものを現実的に捉え、それが非常に限られたものである点を厳しく認識しておかなければならないのです。

★30代で人生を変える言葉10

「30代で動け！　30代なら遅くない！」

自己投資は1億⁉

年齢をそのように捉えていた私は、50歳の自分が圧倒的に優位に立つためには、そのときに「もうあなたしかいない」と世の中が認める知識、技術、能力を身につけ、そしてその役割を担うことのできるゆるぎない実績をつくっておくべきだと考えていました。

その狙いは、「いまから追いつこうとしても無理だ」と周りが諦める状況をつくり出すことです。圧倒的な実績を持つことが、自分自身のさらなる理想を実現するうえで大切であり、その実績を持つことで、多くの協力者が得られるのです。

そのうえで、私は、40代の初めから世界の一流ホテルを泊まり歩き、世界で一流とされる文化や芸術品、あるいはブランドにふれ、世界最高の製品やサービスがどのようなものであるかを実践的に学んできました。功成り名を遂げた人が世界を旅してまわるのは、だいたい50代半ばを過ぎたあたりの年齢からですが、それでは新しいものを吸収する感性が鈍くなっていると考え、私は40歳そこそこでそれを始めたのです。

また、健康で若々しい肉体と精神を保つためにピラティスをはじめとした運動や健康増進にも努めています。50代で精力的に手術を行うためには、体力の衰えを自覚していないいまのうちから体を鍛えることが重要だと自覚しているからです。

私は、すでにこうした自己投資に1億円を超える金額を注ぎ込んでいます。

そのいっぽうで、自己啓発や成功哲学についての講演を行い、何冊もの著書を発表しています。実績というものは揺るがないものにしておくことが重要ですから、著作も幅広く受け入れられるよう精魂を込めていますし、おかげさまで出した本はすべてアマゾンのビジネス書部門で1位をとっています。２０１１年1月に出版した拙著『わたしの人生に奇跡を起こしたマーフィー１００の言葉』（きこ書房刊）は、米国マーフィー研究所がはじめて海外の著者に贈る賞の候補にノミネートされたとともに、全米での出版も検討されています。

そして、過日からは、病院にＩＳＯを導入し、私が不在のときでもさまざまな問題にスタッフが自らの判断で取り組める世界標準の体制と地球環境とのかかわりを考えた仕組みを整えつつあります。

何のために、私がこのようなことをしているかといえば、私にとっては、あらゆることがひとつの目的を実現するためのステップでした。すべては、圧倒的な実績をつくるためにとった行動だったのです。

圧倒的で、揺るぎない実績があれば、私と同じ価値観を持った人たちが当然、私のもとに訪れるでしょう。私は、その扉が間もなく開かれ、世界から患者さんが押し寄せると考えて、そのための入念な準備をしているわけです。30代で開業したころに描いた理想の自分が実現するのも、そう遠い日ではないはずです。

★30代で人生を変える言葉11

自己投資にお金を使え！

ライバルはいらない！

私が他人に何をいわれ、どう評価されようとも、深く潜伏するかのようにしてやるべきことをやり尽くそうと努力したのは、すべてがこの目標を達成するがためです。

もちろん、それはライバルと切磋琢磨《せっさたくま》することも、あるいは仮想ライバルを想定することもない、孤独な戦いであるかのように映るでしょう。

しかし、私にとって、それはまったく問題になりませんでした。なぜか。もしライバルを求めれば、その時点で、私の理想はライバルとの関係でしか測れない、小さなものに限定されたことでしょう。**理想の自分を実現しようとする人間に、ライバルなど必要ないのです。**ただひたすら理想の自分を目指す戦いは、それゆえに清々《すがすが》しいものです。自分に負けないかぎり、勝利を信じて戦うことができますし、外野のヤジに惑わされることもありません。

ただし、警戒しなくてはならないのは、時間との勝負だということです。あなたが私のような方法で人生の成功を手に入れようとするなら、50代の自分の理想の姿をぜひとも強く意識してください。そして、その年齢でつかむ人生の成功の感覚を強く実感してください。

それをはっきりイメージできるようになったら、今度はそこから逆算する形でそこに至るルートを考え、行動に移る準備を始めるのです。

私は、この本ではじめて、私が長い間、内に秘めていた人生の狙いと、それを実現するためにとった戦略を明かしました。私の戦略は、たぶんに私個人の考え方と嗜好によって生まれたものであり、仲間内の調和と慣れ合いを尊重する日本の風土の中では、いささか異質なものかもしれません。

しかし、だからこそより有効な戦略であるという側面もあるはずだと、私は考えます。なぜなら、頭から尻尾まで合理的かつ合目的な考え方をすることができれば、日本人にそれが馴染みのないものだけに、自分のポジションをより有効に、素早く築くことができるからです。

そして、すでに何度もくり返したように、その方法で築くことのできる圧倒的な説得力は、21世紀というまったく新しい日本の局面において、あなたの成長をよりよく助けるのではないかと思います。なぜなら、すでに日本という国は、日本人だけの調和と慣れ合いによって経済的な豊かさを実現することはできなくなっています。また、このことは、今後ますます増える日本人の海外進出によっても、より顕著な傾向になると考えられるからです。

海外においても通用する理想の自分を実現するためにも、みんなと同じようにとか、横一線という考えから早く卒業してもらいたいものです。みんなと同じことをやっていれば、その先に人生の成功がないのは当たり前のことです。成功するためには、人と違うことをやる必要があるのです。

計画（ビジョン）、実行、不断の努力――、この3つによって成り立つ理想の自分を実現する仕組みは、あなたが日本という狭い枠組みと日本人に染みついた思考法から脱却するためにも、きっと有効に働いてくれるはずです。

★30代で人生を変える言葉12

人生は時間との勝負！

第1章まとめ

●30代になったら新しい理想の自分を見つける
●人生のステージが上がれば上がるほど、身の周りにたくさんのことができる仕組みが備わってくる
●人生を成功に導くためには、まずは考え方がそれを決める
●理想を追い求めることがなければ、人間的な成長も成功もない
●「どんな大人になりたいのか」明確に答えを出すべきときが30代
●人間が生み出す最大の説得力は行動することにほかならない
●人生の成功を手に入れるためには、年齢を現実的に捉える

第2章

退屈な毎日のくり返しから脱出する！

～自分を成長させる技術と「潜在意識」の使い方～

「私」にこだわる

本来、人間は、自分というものにあまり囚われるべきではありません。

自分というものに拘泥《こうでい》すると、人間は、世の中の動きや他人の考え方など自分以外のものがよく見えなくなります。自己愛の強い人がえてして自己矛盾に陥りやすいのは、自分に囚われていることが大きな原因です。

理想の自分とか、人生の成功などをテーマに物事を考えていくと、「ご自分がお好きなんですね」と皮肉ともとれる感想を述べる人がときどき現れます。私のような自己啓発系を、どうも自己愛の強い人間であるかのように誤解しているのでしょう。

人生を成功に導くのは、もちろん自分以外の誰でもありませんから、私は自分というものに、いつもこだわっています。

しかし、その自分は、「私が、私が」と自分にこだわる自分ではありません。

私にとっての自分とは、半分は「私の道具」みたいなものです。それは大切な道具ですから、よく働いてくれるようにしっかり手入れしなくてはいけませんし、もっと手をかけていまの何倍も性能を高めていかなければなりません。

その「自分」を高めるためには、「私の道具」としての半分だけでなく、もう半分の「私」という存在も一緒に高めていかなければいけないということなのです。

★30代で人生を変える言葉13

自分は「道具」である！

何もしなければ幸せは減少する！

あなたはいま、もっと能力を発揮できる自分や、もっと社会的な評価を受ける自分になりたい、と考えていることでしょう。

そして、その自分らしい自分が、周りから評価されることを願っているはずです。それは、人間として当然の欲求です。

ありのままの自分が何の制約もなく受け入れられることは、原初的な人間の幸福ということができます。お母さんの胎内からこの世に産み落とされた瞬間が、この状態です。生を受け、泣き、息をしているだけで、この世の最大の価値として祝福されるわけですから、これ以上の幸福はありません。

ところが、人間は生まれたそのときから、その幸福に少しずつ制約や条件が重ねられていき、それが死の瞬間までつづいていくのです。赤ちゃんのときの幸福が最大の

幸福だと仮定すれば、それは一方的に減少していくと考えざるをえません。

学問的に異論はあるでしょうが、自己愛の強い人間というのは、この原初的な人間の幸福に対するこだわりの強い人だろうと、私は捉えています。そして、明らかに一方的に減少するものに拘泥する人生はなんと無駄なことか、とも思います。化石エネルギーが漸減《ざんげん》していくなら自然エネルギーに代替させなければいけないというのと同じで、自分に注ぐ愛情も形を変えていかなければ、人は生きていけないわけです。

とすれば、自分というものにどうこだわるか、という点が、少しずつわかってきます。**年齢とともに、どんどん自分を変えていかなければいけない、**ということもわかってきます。

なぜなら、私たちは赤ちゃんのときと同じくらい幸せに生きる権利があるのですから、減っていく幸福を、ほかの幸福によって代替させていかなければいけません。自分を成長させるというのはそのプロセスだ、ということです。

★30代で人生を変える言葉14

【年齢とともに自分を変えていく！】

魅力ある人間になろう！

どうすれば自分を成長させられるのか。

私はよく、このような質問を受けます。

結論からいえば、努力と勉強しかないわけですが、これでは具体的にどう取り組んだらいいか、みなさんきっかけをつかめないに違いありません。

私がお勧めする方法は、「客観的に自分を見る」ことです。

多くの人が、相手の立場に立ってものを考える訓練をしています。お客様の立場になって話を聞く、あるいはお客様の立場になってサービスを提供する、などなど。

ところが、そうした訓練を積んでいる人でも、自分を客観的に眺めることができる人は意外に少ないように感じます。たとえば、最近、こんな話がありました。

一生懸命に婚活をしている友人のひとりが、私のところに**「誰かいい人、いません**

か」と相談に来ました。彼は、つき合いの長い中小企業の2代目で、けっこう裕福な暮らしをしています。お父さんは叩き上げで、ものすごくエネルギッシュな人ですが、彼は2代目の甘えからか、事業に精を出すわけでも勉強に勤しむわけでもなく、のんべんだらりと30代を迎えて以来、結婚相手を探しつづけているのです。

彼いわく、何人かとお見合いをしたらしいのですが、どれも相手のほうから断られてしまいました。そして、「どこかのいいお嬢さんで、東京の大学を出ているような人がいいのですが」といいます。

私は、30過ぎてますます締まりの悪くなった彼の風体を見ながら、「そんなこと、無理だよ」と突き放し、親しさもあってこんこんと説教をしました。彼に対する私の意見を一言でいえば、**「一生懸命に仕事に取り組んでもいない人間に、女性が魅力を感じるか」**ということです。

彼にしてみれば、「実家は裕福で財産もあり、ゆくゆく自分は社長になる。美しい才女を娶《めと》って当然だ」ということなのでしょうが、女性の目はそんなに甘いものでしょうか。私の経験でいえば、才女というのは往々にして、先物買いの目利きです。たとえ資産家とはいえなくても、「この男性は人知れない可能性を持っている」と感じるからこそ、結婚を承諾するのです。

男性がそういう女性にアピールするとしたら、大きなエネルギーを感じさせるしかありません。そのエネルギーがどこから出てくるかといえば、懸命に仕事に取り組むこと以外にありません。

もし彼がそうであったら、体は引き締まり、顔つきは精悍《せいかん》になり、目にはもっと力が宿っていることでしょう。にもかかわらず、「それにしても、なぜ僕のようなところに来てくれる女性がなかなか現れてくれないんですかね」と、平然としています。

要するに、自分の思いだけで物事を見ることに慣れきってしまい、自分を客観的に把握することができないのです。

自分のような人間を、他人はどう見るか。魅力的に見るか、それとも魅力のない人間として見るか。まずは、その単純な二者択一の目を、自分に向けてみることが大切です。

★30代で人生を変える言葉15

「道具」としての自分を客観視しろ!

影響力の重要性

自分を客観視するうえで人生の棚卸という考え方があります。

過去の自分の経験を総ざらいし、そのキャリアの棚卸をして、それを正確に把握することが、その後に豊かなキャリアを築くための一助となるというものです。

もちろん、過去の自分のキャリアを振り返ることは大切ですが、ことさらに過去に基づいて未来を考える必要は、私はないと考えます。過去の延長線上に人生の成功はないし、自分の未来を過去に基づいて描く必要もないからです。

むしろ、人生の棚卸をするなら、自分を客観的に見るために、私はそれをすべきだと思います。

たとえば、過去に携わったプロジェクトを振り返り、そこで自分が仕事仲間たちとどのようにかかわることができたかを考えます。その場面、場面を思い起こし、自分が周りにどのような影響を与えたかを、ひとつひとつ顧みるのです。

去年の夏のキャンペーンで担った役割を自分がどのように果たしたか。春の商戦ではどうだったか。新製品の開発プロジェクトではどのように役に立ったか。

そうして、そのときの自分を、Aさんはどのように受け止めただろうか。Bさんはどうだろうか。プロジェクトリーダーはどう感じただろうか。という具合に、自分を客観的に眺めてみるのです。

職場でも、お見合いでも、あるいはそのほかのどのような機会でも、人が集まるところでは、よりよいメッセージを発信し、周りに気づきとエネルギーを与えるような行動をとらなければ評価はされません。それが、人間が果たす役割であり、影響力というものです。

★30代で人生を変える言葉16

周りにエネルギーを与えよ!

影響力とは何なのか？

人間が持つその影響力とは、下積み仕事の多い若いときこそ、評価のポイントとしてはさほど大きくありません。それよりも、一定の時間内にたくさんの仕事が間違いなく処理できることや、安定して成果を上げること、あるいはより効率のいいシステムを考えることなどに、より評価の重点が置かれていることでしょう。

ところが、年齢が進むにつれ、評価の重点は、徐々に影響力の大きさというものに移ってきます。

じつは、影響力ほど重要なものはありません。会社でいえば、その人がいるだけで職場が活気づく、その人の指導によってチームの成績が上がる、あるいはその人が中心になるといい製品が生まれる、などがそれです。

組織のリーダーやトップに必要な資質はさまざまなものがありますが、最も必要とされるのも、この影響力です。

たとえば、社長の交代によって、会社の売り上げが大きく変わったり、事業構造が変わったりすることがしばしば起こります。

たいていの人は、社長がそう指示したからそうなったと考えるわけですが、大きな組織の形を変えるのはじつはそんなに簡単なことではありません。社長が組織の変革を目指しても、その考えに賛同しない株主がいたり、反旗を翻す専務がいたり、反対する労働組合が存在したりということはよくある話です。**そうした利害関係の中で、最後に大きな組織を動かす力となるのは、社長の決定ではなく、社長の人間としての影響力です。**

これは余談ですが、毎年夏になるとテレビで放送される第2次世界大戦の終戦特集番組を観るたびに、私は天皇陛下の影響力というものについて考えさせられます。昭和20年8月15日の玉音放送をひれ伏して聞き入る当時の日本人の姿、あるいはその後に行われた天皇陛下の日本巡幸に際しての日本人の姿もそうですが、あれほど荒廃し尽くしていたはずの人心が、天皇陛下のお言葉と訪問によって癒えてしまうのです。

私は右翼思想も左翼思想も持ち合わせていませんが、明治以来の天皇制に対する、尽きせぬ批判があることは理解しています。しかし、今回の東日本大震災においても、天皇陛下が訪れた被災地の人々は、「ありがたいことだ」とたちまち心が癒えるのです。

もちろん、癒やしが即ち復興ではありません。復興のためには、日本人はより現実的で険しい道を歩まねばならないでしょう。とはいえ、天皇陛下の存在が日本人にとって最後の拠《よりどころ》になっていることも、また事実なのです。

影響力というのは、そういうものです。

ですから、あなたも、自分が周りにどのような影響を与えているか、よく考えてください。影響力の強い人は、それだけ魅力のある人間だということになるでしょうし、影響力がなければ、それをどうやって補い、影響力を身につけていくかということを考えることです。

これもまた、自分を客観的に見るために、たいへん有効な方法です。

★30代で人生を変える言葉17

影響力が持てるように意識しろ！

素晴らしい人の細部を観察する

影響力を身につけていくうえでお手本となる素晴らしい人を探すことは大切なことです。

あなたには、ぜひ素晴らしい人を見つけてほしいと思いますが、そういう人に備わっているもので自分にはないものを見つけることも、自分を客観的に見るための方法です。

もちろん、なんて素晴らしい人だとあなたが感じる相手ですから、その人はたくさんの自分にはないものを持っているに違いありません。そんなものはいちいち挙げるまでもないと考えるかもしれません。

しかし、いざ「列挙してみましょう」というと、たいていの人は、意外なほど挙げられないものです。

なぜか。

人間は、対象を全体的につかまえるのは得意ですが、分析的に細部を捉えていくことは苦手だからです。

例を挙げてみましょう。私は、「見る」ことの重要性をすでに指摘しました。見るという作業は、思いのほか難しいものです。

小中学校の美術の時間に、静物の写生を行った経験は誰でも持っていると思います。**たとえば、お皿にリンゴが盛ってあります。それを絵に描くというのは、一見すると簡単なことのように感じます。ところが、いざやってみるとなかなかうまくいきません。形はリンゴなのですが、とうてい本物には見えないのです。**

気をとり直して、よく見て描こうとしますが、今度はよく見れば見るほど「こうじゃない」という感じが募ってきます。立体感は出てきませんし、まして光っている部分の描写などはお手上げです。しまいには、「リンゴってこうなっているのか。はじめて知った」と、いままで一度もリンゴを見ていなかったという気持ちにさせられるわけです。

これに類する問題は、あらゆることについて指摘することができます。

たとえば、本を読むということもそうですし、人の話を聞くということについても同様です。

読書では、10年後にもう一度読み返してみると、かつてこういう話を読んだとばかり記憶していたものが、ずいぶん内容的に異なっていたということはよくあります。人の話も同じことで、講演会で聞いた感動的な話をしばらくたってから録音で聴き直すと、「え？　こんな内容だったかな」とどこか腑に落ちない気持ちになることがしばしばあります。

全体をつかまえることに集中しているときと、細部にこだわって分析的に接しているときとでは、受け止める内容に大きな差が生じるということです。

これはお手本になる素晴らしい人を見て、その人から学ぼうとするときも同じです。全体的な印象だけで素晴らしいと思っているうちは、ひとつひとつの素晴らしい要素がどう組み合わされているのか、その細部にまで理解が及ばないのです。

素晴らしい人に出会ったときは、全体的な印象として「素晴らしい人だな」と思うことで、終わってはいけません。

多くの人は、この点をよく間違えます。「すごい人に出会うことができた」と興奮するあまり、それだけで終わってしまうのです。

その素晴らしい人に対して、どこが素晴らしいと思うのか、あなたはもっと細部にわたって観察する必要があるということです。

★30代で人生を変える言葉18

細部を理解できるようになれ！

人格者は鏡の役割

観察といっても、相手をじろじろ見るということではありません。

その人が相手にどのような態度で接し、どのような話し方をするか。また、人々にどんなメッセージを発信しようとする人なのか。そして、相手をどのような形で受け入れようとする人なのか。仕事に対しては、どのように取り組んでいるのか。そして、自分の人生をどのように捉え、あるいは社会に対してどのように働きかけているのか。そして、家族とはどのように過ごしているのか、なのです。

もちろん、わずか1度や2度、話を聞いたところで、すべてがわかるわけではないでしょう。しかし、その人と接する機会を増やしていけば、その人のさまざまな側面が少しずつわかってくると思います。それを自分の身に照らし合わせて、ひとつひとつ比較していきます。すると、自分に足りない点、欠けている点が、かなり明確になっていくでしょう。素晴らしい人を、自分を映す鏡として使って、他人から見た客観的な自分をそこに浮かび上がらせるのです。

たとえば、アメリカを代表するリベラル派の国際政治学者にジョセフ・ナイ教授という人物がいます。

ナイ教授の教えを受けることになった私の友人が、あるとき「素晴らしい人がいる」と電話をかけてきたので、私はさっそく「どんなところが、素晴らしい人なの？」と尋ねました。

「とても物腰の柔らかい人で……」と友人はひとしきり人物評を述べました。そのとき、私の心に響いたのは、一般のビジネスマンから質問を受けたときでも、ナイ教授は相手が話し終わるまでじっと質問に聞き入り、相手が理解できるやさしい言葉でしっかりと答えを返すこと。議論をするときは、けっして相手の発言を遮って反論しないこと。そして、相手が素人なりに面白い視点を提供したときは、「それは面白い視点です」とか、「とても勉強になります。ありがとう」というように、必ず一言添えること、などです。

話を聞くかぎりでは、ナイ教授はとても人格の高い人物のようです。要するに、彼は、アメリカ上流社会の典型的な「いい人」なのでしょう。

この話を聞いて、私もナイ教授に会いたくなりました。そして、もっと早くナイ教授のことを知ることができたらよかったのにと、彼に接する機会がぜひとも欲しいと思いました。

経験的に見て、「いい人」というのは、ほぼ100%人格者です。私がそうした「いい人」に会いたいと考えるのは、私にこれから先ももっと人格を高めていきたいという望みがあるからです。

高い人格などというと、まるで自惚《うぬぼ》れてでもいるかのような印象があるかもしれませんが、**人間の優劣を決めるのは、最終的には人格です。**人格の高い人の話には誰もが耳を傾けますし、社会というのはそういう人が導く方向に発展していきます。なぜなら、人格の高い人は、特定の誰かの利益を代弁するのではなく、万人の利益を代弁し、万人の最大幸福を実現する道を説くからです。

じつは人格を磨く方法は、読書しかありません。高潔な人物の話を聞くことでもそれは磨かれますが、そうした高潔な人物は必ずしも存命する同世代人とはかぎりません。あまねく歴史上の人格者の話を知ろうとすれば、それは読書に頼る以外にないのです。

それでも、私はそうした人物にひとりでも多く直に接したいと考えています。ナイ教授を目の前にすれば、それが鏡の役割をして、私の至らないところがはっきりと自覚できるのではないかと思うからです。

自分を客観的に見るということは、鏡の役割を果たしてくれる素晴らしい人を不断に求めることでもあるのです。

★30代で人生を変える言葉19

本物と接する機会を持て！

潜在意識が人生を成功に導く

自分を成長させることに役立つ技術としては、もうひとつ、潜在意識の活用があるでしょう。

潜在意識というのは、自分では気づいていない無意識の世界であり、そこにその人の願望や禁忌がしまい込まれている意識レベルのことです。潜在意識の中にある願望は、知らないうちにあなたを突き動かして、あなたの隠れた望みを実現します。

たとえば、**「今日は大きな契約がとれそうな気がする」と感じた日に、営業先で本当に大きな契約がとれたという出来事です。これは、単に予感したことが実現したのではなく、「とれそうだ」という潜在意識の働きがあなたに熱意をもたらし、その熱意が営業先の担当者に伝わることで、大きな契約に結びついたのです。**

潜在意識の活用は、人生を成功に導くために欠かせませんが、同時に自分を大きく成長させるカギでもあります。

自分で知ることのできない潜在意識の世界とは何かといえば、つまるところ過去の記憶です。

たとえば、私が講演で出席者から思わぬ質問を受けるとします。それが意識的に蓄積し、脳の中にインプットされた情報では答えられない質問であるときでも、私が言葉に詰まり、何も答えないということはありません。私は何とかそれに答えようとし、そのプロセスで、自分でもまったく意識したことのない内容を述べていることはよくあります。その内容がその場かぎりの出まかせかといえば、まったくそういうことはなく、それを述べることは、私にとってとても大きな気づきなのです。

なぜ気づきかといえば、それが私の潜在意識の中にしまい込まれた内容だからです。

私はそうした質問に、辻褄《つじつま》合わせと無関係に、必死に答えることによって、潜在意識の中の私の回答を引き出します。それは、かつて私が考えたこともない内容でありながら、同時に私が強く望んでいることなのです。

★30代で人生を変える言葉20

潜在意識を活用しろ！

1924年

潜在意識がこのような形で発露することは、じつはすでに証明されています。あなたは、自動書記という言葉を聞いたことがあるでしょうか。

これは、『シュールレアリスム宣言』を世に問うたフランスのダダイズム詩人、アンドレ・ブルトンが実験的に取り入れた詩作法で、常軌を逸するほどの高速で原稿用紙に詩をつづる方法論のことです。

詩作では、フレーズが最も重視されているかのように考えられがちですが、古今東西、詩作の中で最も重視されたのは、間違いなくテーマでした。それは、詩作の中で最も抽象的だとされる俳句の世界においても変わりません。テーマの精神性が、5・7・5の形式を支え、その制約された字数によって、後づけでフレーズが成り立っているのです。

ところが、テーマから出発するこうした伝統的な詩作の手法に、逆のベクトルを持ち込んだのが、自動書記という方法論でした。

ブルトンをはじめとするシュールレアリスム詩人は、予定された作品世界の精神性を拒否するために、あらかじめテーマを想定することを拒絶します。思いつくままにひたすら高速で言葉を記述することによって、無意識の世界の中に、あるいは潜在意識の世界の中にしまい込まれている、予期せぬ精神性を抽出しようとしたのです。そして、ブルトンは、この自動書記によって、それのみで成り立つ詩の世界があることを証明してみせたのです。

彼らの作品は、完成された形式やこなれた精神性の世界とはまったく無縁でしたが、意識下に隠されていた精神性を顕在化するというまったく新しいジャンルを切り拓き、その後の絵画や音楽に多大な影響を与えました。

ブルトンによる自動書記の方法論の提言は、精神分析学の枠を離れて、それまで存在さえ知られていなかった潜在意識の世界が一般化、普遍化した瞬間でした。私は、『シュールレアリスム宣言』が出版された１９２４年が、自己啓発における潜在意識の活用論がスタートした年に違いないとさえ考えています。

質問に対する私の答えの話に戻れば、それもまた、ブルトンの自動書記のようなものです。意識の中にある話をし尽くした後に、なおも乾いた雑巾を絞るようにして時間的な制約の中で言葉を継ごうとすれば、人はそれを潜在意識の中から引っ張り出してこざるをえません。その結果、自分ではまったく自覚したことのない本当に望んでいること、心の底からみなさんに伝えたいと願っていること、その嘘偽りのない赤裸々な自分のメッセージが、われ知らず目の前にぶちまけられてしまうわけです。

そうした内容が、私に気づきをもたらすのは当然のことです。

★30代で人生を変える言葉21

まったく自覚していない自分の能力を知れ！

自分の潜在意識を身近に探る方法

同じことが、あなたについてもいえます。

もちろん、自動書記のような体験をする機会はないかもしれません。しかし、素晴らしい人から話を聞くことなど、自分に気づきをもたらす材料には事欠かないはずです。

潜在意識の中にある自分の本心を直接的に知ろうとすることはとても難しいに違いありませんが、専門的な方法に頼らないと指一本ふれることができないかといえば、必ずしもそうではありません。

たとえば、自分が好感を持つ人物のタイプについて思いを巡らすのも、潜在意識を探る身近な方法です。

人は、自分の中に存在する好悪などの感情が、生まれつき備えられているものであるかのように考えています。ところが、生まれたての赤ちゃんの感情はほんらい真っ白で、生理的、環境的な要因に対する快、不快しかありません。

少しばかり年齢が進んで「あなたは嫌い」という感情が生まれるのは、自分が傷つけられたり、押しのけられたりするからで、それ以降は、親や学校の先生から「いい人」「悪い人」という価値観を学び、そこに感情を重ね合わせていきます。私たちが、特定のタイプの人間に対して好感を抱くのは、自分の中に蓄積された周囲の人々の価値観にひとえに依存しているということです。

ところが、子どものころから植えつけられてきた価値観とは異なる部分で、自分が好感を抱く対象というものが存在します。

たとえば、私の知り合いのひとりは、厳しく自己を律することができない人間を嫌っているはずなのに、ホームレスや日雇い労働者支援のボランティアに精を出し、十数年にわたってそういう人たちと積極的にかかわりを持っています。「子どものころは、こういう人たちにこの世界から消えてほしいと思っていたのに、なぜなんだろうね」と本人はいいますし、訊《き》けばご両親や恩師などの影響も皆無です。

このことについての私の見解は、やはり潜在意識のなせる技だと思います。成長のどこかの時点で、彼の潜在意識の中に、このような活動をせざるをえないような、あるいは支援の活動をしたいというような、動機となる「記憶」が投げ込まれたということです。

同じことが、友だちや異性とのつき合いでも起こります。**育った環境も、考え方もまったく異なるのに、相手に好感を持つ。それは、そういう相手と共有する価値観とその記憶が、人生のどこかの時点で潜在意識の中に投げ込まれたということなのです。**

人間が成長するうえで、自分の中に存在する潜在意識に気づくことは、とても重要です。なぜなら、「ああ、自分が本当に欲しかったのはこれだったんだ」という気づきこそが、人間にとって最大の成長パワーになるからです。

★30代で人生を変える言葉22

無意識で思っていることは重要

潜在意識に身をゆだねる

「本当に欲しかったものは、これだったんだ！」と気づくことは、残念ながら、簡単なことではありません。**人間はほぼ100％、本心を幾重にも覆い隠して生きる存在です。**

その本心とは、たとえば、お金を儲けたいとか、社会的に評価されたいとか、美しい女性と結婚して幸せな家庭を築きたいとか、そういうあなたの表面に表れている欲求ではありません。心の深いところに、誰もがそれぞれに違った根源的な欲求を持っています。人は、その欲求に幾重にも衣装をまとわせて、一般的でわかりやすい形にして表に出しているわけです。

ところが、欲求が衣装をまとった欲求であるうちは、それを実現する力はなかなか生まれてきません。誰もが「そうだね。わかるよ」といってくれるように一般化された欲求は、一般的であるがゆえに、借り物である面が強いからです。借り物の欲求を実現しようとして、大きなパワーが出せるはずはありません。

では、どうすればいいか。

私はよく、**「潜在意識に身をゆだねる」**という表現をします。

これは、なぜだかはっきり理由はわからないものの、「こうありたい」と願っていること、「こうだったらいいのにな」とふと思うこと、そういう自分の感情に正直になるということです。

社会的な常識からいえば、「そんな子どもじみたことを考えるのはバカバカしい」とか「現実離れしている」などと他人から批判されるでしょうし、「そんな考えでは厳しい世の中を渡っていけない」と自分で自分を戒めるかもしれません。しかし、そうやって自分を型に嵌《は》め、限界を設けようとすれば、人間は可能性を失ってしまいます。自らの成長を求めるならば、常識に囚われることはないし、さらにいえば、常識を捨てなければならないのです。

なぜだか知らないが、自分の中には、こういうものを望む強い感情がある。なぜだか知らないが、こういうことを実現したいと思う。そういう自分を、まずは肯定することが大切です。そういう自分の存在に目を向け、それを認め心の奥深くにしまい込まれた人間の本心を見出し、その作業をくり返していくしかありません。

もちろん、くり返したところで一番の内奥《ないおう》にある本心にはたどり着けないかもしれませんが、本心に少しずつ近づくにつれて、お金を儲けたいとか、社会的に認められたいとか、幸福な家庭を築きたいといった表面的な欲求は、はるかに具体的な姿をとるようになります。「世間の相場はこんな感じだから、これくらいでいいだろう」という比較優位の考え方も必ず薄れてきます。**仕事ができるようになりたいということも、会社で認められたいということも、人々を受け入れ、人々に受け入れられたいということも、あらゆる欲求に対する考え方が変わり、欲求の質をも変化させるでしょう。**

それが、潜在意識に身をゆだねるということです。

そして、**それを信じて身をゆだねることのできた人だけが、大きなパワーを獲得し、人生の成功をつかんでいくのです。**

潜在意識の存在を信じて疑わず、それが導くところにまっすぐ進むことができるかという問題に、人生の成功はひとえにかかっているといっても過言ではありません。

★30代で人生を変える言葉23

常識を捨てろ！

潜在意識に悪いものを入れない

もちろん、潜在意識の中に投げ込まれた欲求は、いいものも悪いものもあります。悪いものの代表格としてよく挙げられるのは、**「どうせ自分にできるわけがない」**という無意識への刷り込みでしょう。

たとえば、人間の成長原理をとてもよくわきまえた両親に育てられ、学業もスポーツも優秀な子どもでも、何かの機会にこうしたことが刷り込まれてしまった子どもは、壁を破るための最後のひと突きに力を振り絞ることができません。はたから見れば、壁を破る一歩手前に来ているのに、そのひと振りができずに逃げてしまうのです。

こうした子どもは、その後も、あと一歩のところで大きな仕事を成し遂げることができない人生を歩むことがほとんどです。潜在意識の中に、「自分にはできない」という内容が強く書き込まれているからです。世間的にロー・アチーバー（高い学歴や

学識を持っているのに、それに見合った社会的成功を手に入れられない人のこと）といわれている人々は、ほとんどがこうした潜在意識を持つ人々ではないかと私は考えています。

したがって、自分を成長させるためには、潜在意識の中に悪いものが入らないようにすることもとても重要です。

潜在意識に悪いものを入れない最強の方法は、他人に何か自分の欠点を指摘されたときに、それが自分の成長の役に立つプラスの言葉として捉え、つねに感謝の気持ちを持つことでしょう。

★30代で人生を変える言葉24

ロー・アチーバーになるな！

考え方次第で成長できる

たとえば、上司に「だから君はダメなんだ」と指摘されたとき、たいていの人は「すみません」というでしょう。その心は、「そうか、やっぱりオレはダメなんだ」ということです。そして、自分がなぜダメなのか、どのように対処すべきだったのかということについて、謙虚に教えを請おうとはせず、その場から引き下がってしまうでしょう。

人間によくありがちなこうした反応ほど、恐ろしいものはありません。

自分はダメだと思うと、人間は決まって次も同じような失敗をくり返します。論理的に考えれば、次に同じような場面がやってきたときは、前回とは違った対応をとらなくてはなりません。ところが、「自分はダメだ」という内容が潜在意識の中で強化されると、人間は、前回とは違った対応をとろうと考えることさえしなくなってしまいます。なぜなら、そう考えるべきごく当たり前の道筋が、本人には見えなくなってしまうからです。昔から、「2度あることは3度ある」といわれますが、この警句が示している現象はこういう内容なのです。

したがって、自分の欠点をずばりと指摘されたときは、まず「ありがとうございます」という感謝の気持ちを抱くことです。そして、どう対処すればいいかわからないときは、たとえそれが初歩的なことであっても、「私はどうすべきだったのでしょうか」と、素直に上司に教えを請うことです。

そうやって上司の言葉を素直に受け入れ、理解することができれば、「だから君はダメなんだ」という言葉が自分にマイナスな内容として潜在意識に投げ込まれることはありません。上司の教えを受け入れることで、「こうすれば、お客さんに対しても、同僚に対しても役に立つ」と前向きに捉えることができ、**「考え方次第で、人間は簡単に成長することができるんだな」と、潜在意識の中にプラスの記憶として刻まれていくわけです。**

潜在意識の力を信じ、そこにプラスの内容を蓄積していくことは、自分の成長を加速させる最大のカギなのです。

ちなみに、宮城県の被災地を天皇皇后両陛下が訪れたとき、美智子妃は荒廃し尽くした現地で被災者の手をとって、こんなお言葉をかけました。

本当に、生きていてくださって、ありがとう。

テレビでこのときの様子を見た私は、胸を打たれました。被災者は、私なんかよりもはるかに強く打たれたことでしょう。特殊な状況下における特別の言葉かもしれませんが、美智子妃のような態度をとることのできる人こそ、潜在意識がプラスの記憶で溢《あふ》れている人ということができるのではないでしょうか。

この短いやり取りの中には学ぶべき点がたくさんあると、私は強く感じたものです。

★30代で人生を変える言葉25

潜在意識にはプラスを埋め込め！

第２章まとめ

●客観的に自分を見る

●自分が周りにどのような影響力を与えているか考えてみる

●素晴らしい人に出会ったらどこが素晴らしいのか細部を観察すること。それを自分の身に照らし合わせて比較する

●本物と接する機会を増やす

●無意識に思っていることは重要。自分の本心である潜在意識に近づけたとき、大きなパワーを獲得し、人生の成功をつかむ

●欠点を指摘されたら、まず「ありがとうございます」と感謝の気持ちを抱く

●潜在意識の中にはプラスの意識を埋め込むこと

第3章

天職を探すべきか？

〜30代の仕事の選び方＆見つけ方〜

天職はあるのか？

30代の仕事への取り組み方は、20代のそれとは決定的に変えていくことが必要です。それこそ戦略的に、20代とは違ったスタンスをとるようにしなくてはならないと、私は思います。

その場合に、心がけなければならない点は、仕事を自分の能力の範囲の中で捉えないことです。

20代のときは、誰もがただひたすらに仕事の能力を高めようとする時期でした。そのため理不尽な要求や身に余る仕事も受け入れ、それを達成することで能力を伸ばしてきたことだろうと思います。そこで獲得した能力の向上や人間的な成長は、きっと大きな喜びをもたらしたと思いますが、30代は、そういう20代で獲得した自己イメージの枠をさらに飛び越える時期に当たります。

私に寄せられるよくある質問のひとつに、「どうすれば天職を見つけることができますか」というのがあります。こうした質問をする人は、天職というものを頭の中で漠然と捉えている場合がほとんどです。

なぜ私がそう思うかといえば、話をよく聞いてみると、いまの仕事に懸命に取り組むことができていない人がほとんどだからです。いまなすべきことに懸命に取り組んでいないとしたら、天職についていくら思いを巡らせたとしても、それは生涯見つからないはずです。いま自分の思考の中にないものを、いまの自分の思考の中からひねり出そうとすることが、そもそも無理な話なのです。

このことは、理想の自分や人生の成功について考えるときも、当てはまります。**いま想像している理想や成功は、いまの自分が想定しているものにすぎません。当然のことながら、それは、いまの能力や環境を前提にして弾き出された理想や成功にすぎないわけです。それをよしとするかぎり、大きな飛躍、大きな成功があるはずはありません。**

天職というのは、目の前の仕事に懸命に取り組み、それを持続していくことによって見えてくるものです。ひとつひとつ目標を達成し、能力を獲得していく中でつかんでいくものです。同様に、自分の理想や人生の成功もまた、行動し、前進していかなければ見えてこないし、つかめないわけです。

だとすれば、大きく成長したいと望むあなたに必要なことは、行動しかありません。20代で蓄積した能力の範囲にとどまることなく、その能力の垣根を飛び越えて、不断に働きかけていくことです。

では、何に向かって働きかけるのか。

会社の同僚、部下、上司、そしてあなたの周りにいるすべてのビジネスパートナーに対してです。じつは、会社で認められること、あるいは仕事で認められることは、想像するほど難しいことではありません。仕事に懸命に取り組み、周りの人に対する働きかけを十分に行っていれば、あなたは1年後に会社を任されるような存在になっていて、まったくおかしくはないのです。

じつは、この点が、30代における仕事の取り組み方の非常に大きな要です。

★30代で人生を変える言葉26

「天職探しはしなくていい！」

成長するエネルギー

夫と妻の関係で考えると、会社で経営者に認められることは比較的に簡単だということもわかります。

誰もが豊かで楽しい家庭を築きたいと願っているのと同様に、経営者は例外なく事業の成長や会社の発展を望んでいます。

社員が同じ目的を共有し、どうすれば会社に貢献できるか、何をすれば会社を発展させることができるかを考え、日々そのための行動を積み重ねていれば、たちまちそれは経営者が評価するところになるのです。

上司にしても、同じです。部下が高い意識を持って行動していれば、それを認めないわけにはいきません。

「どんなに頑張っても結果が出ないことには認めてもらえない」と考えるとしたら、

それはとんでもない誤解です。すでに紹介したように、原因と結果の法則はけっして裏切りません。あなたが重ねた小さな努力には小さな結果が、大きな努力には大きな結果が、必ずついてくるわけです。

会社という組織の中には、とどまるエネルギーと成長するエネルギーがあります。**とどまろうとするエネルギーを強力に働かせることがあったとしても、会社はつねに、圧倒的に強い成長するエネルギーを発揮しつづけます。**

そのため、「このまま無難に過ごしていこう」と考えて、とどまることにエネルギーを使う人は、いずれ自分の居場所を失います。成長するためにエネルギーを使っている周りの人々が、会社の成長とともにどんどん前に進んでいってしまうからです。

とすれば、いまの会社の仕事を続けていくことに大きな価値があると考える人は、徹底的に会社とともに生きようと腹をくくることです。そして、会社で果たす自分の役割は何か、自分が組織の一部を担うことによって会社をどう成長させることができるかを徹底的に考え、行動に結びつけていくことです。それが、30代で行うべき、新たなスタート地点になるわけです。

私がここに記したことを全力で実行できる人は、必ず会社で大切にされます。私も病院経営者だから理解できることですが、経営者はそういう人をけっして見逃しません。なぜなら、自分と同じ感覚で物事を捉えて行動する社員は、会社の成長を支える一番の原動力であり、それなしに会社の未来はありえないからです。

ときどき、30代で子会社の社長を任されたり、最年少役員に抜擢されたりする人がいますが、それは単に社長の覚えが目出度《めでた》かったり、贔屓《ひいき》があったりするだけではありません。そういう人の大半は、会社の成長に資する自分の役割を早くから自覚し、そのための行動を積み重ねてきた人です。それゆえに抜擢人事の対象に取り上げられたということを、忘れてはならないわけです。

★30代で人生を変える言葉27

「努力には結果がついてくるようになっている！」

先送りを絶対しない

それでもなお、本当に一生懸命に仕事をしているのに「自分は浮かばれない」と感じる人がいます。精いっぱい努力しているのに、会社はさっぱり理解してくれない。そういう人は、会社の無理解を金科玉条《きんかぎょくじょう》にしています。

彼らに共通しているのは、自分がいま得ている見返りの中に「精いっぱいという枠」を自ら設けている点です。

たとえば、あなたがいま課長というポジションにいるとします。

課長になるまでは、課長になって部下を持ち、ぞんぶんに力を発揮してみたいと希望に燃えていたはずです。ところが、いざその役職についてみると、管理職という理由でいきなり残業手当がつかなくなり、手取りの給料は以前よりも減っています。にもかかわらず、やるべき仕事と責任は増え、上司と部下との狭間で両側から責められるのです。

そのつらさに耐え、なんとか仕事をこなしている状況が、「精いっぱいやっている」という自己正当化を生み出します。

ところが、**部下が客観的にあなたを見れば、「一生懸命やってるみたいだけど、なんかつらそうだよね」と見えるでしょうし、上司から見れば「もっとやってくれると期待したんだけど、荷が重すぎたかな」という感じでしょう。いずれにしても、全力で立ち向かっているとは見てくれないわけです。**

立場が立場だけにつらさがあることは理解できますし、金銭も、時間も、権限も、見返りといえるほどのものがないこともたしかでしょう。しかし、その立場を跳ね返して大きな成果を上げていかなければ、誰もあなたに魅力とエネルギーを感じるはずはありません。それなしに「精いっぱいやっている」と考える人は、そう考えた瞬間に、敗者の烙印《らくいん》を押されるのです。

見返りがないということは、目先の問題にすぎません。なぜなら、課長に昇進できない人は、その先のポジションに進むことができないからです。あなたは、理想の自分を実現するために、いま課長という通過点に立っているだけの話ではなかったのでしょうか。

あなたが目指す夢や目標は、いま座っている椅子ではないはずです。それならば、「ポジションに見合った処遇がなされていないからこれが精いっぱいだ」という考えは降ろすべきです。そして、精いっぱいやることで先々にそれに見合ったものが得られるということを、もっと意識すべきでしょう。

このことを理解するなら、仕事への取り組み方を変えることです。自分を客観的に眺め、自分を再構築することです。

その第一歩として、スタッフから見たら自分はどう見えるか、同僚から見たらどう見えるか、上司から見たらどう見えるか。自分をそうやって捉え直していきましょう。そのいっぽうで、いまとは対極にある魅力的でエネルギーに溢れる自分の姿を思い描き、その実現に向かってとるべき行動を明日からでもすぐに示していくのです。

★30代で人生を変える言葉28

「精いっぱい」だけではダメ

変化は一気に起こすべきか？

何事においてもそうですが、変化を求める方法は2つあります。

ひとつは、徐々に変化させる方法。もうひとつは、一気に変化させる方法です。自分にしか関係のないことならば、どちらをとってもたいした違いはありません。しかし、変化が人間関係にかかわることである場合、どちらを選択するかはけっこう迷う問題ではないでしょうか。

私は、自分の仕事への取り組み方を変えるときは、徐々に悪いところを直していこうと考えずに、一気に変えることが重要だと考えています。たとえ一気に変えることができない点があるとしても、心構えだけはドラスティックに変えてしまうことです。大学院に入学したときや開業医になろうと決意したときに、私がそのように行ったように。

その理由は、会社にはこれまでに築いた人間関係があるからです。その中で徐々に変えていこうとすれば、これまでの習慣と人間関係によって、必ず押し戻されてしまいます。

たとえば、あなたがビジネスセミナーに通うため、今後は会社の飲み会をいっさい断ろうと決意したとしましょう。

しかし、人間関係を壊したくないという理由から、徐々に断る回数を増やそうと考えていると、その都度、適当な言いわけを用意しなければなりません。そのために、たいへんな労力と時間のロスが生じます。

やがて適当な言いわけを用意しておくことがだんだん面倒になり、その状態がつづくことで、自分自身も「そこまで意固地になって断ることはないか」と決意を弱めてしまいます。気がついたら、セミナーを肴《さかな》にして、仲間とちょくちょく酒を酌み交わすことにもなりかねません。これでは、自ら勉強に費やす時間はとれないし、勉強が身につかないことで、しまいには意欲も失ってしまうでしょう。

いっぽう、今日からいっさいの飲み会を断ろうとすれば、突然の態度の変化に周りの人は当然、戸惑います。これまで良好だった人間関係も、一時的に壊れてしまうかもしれません。ですが、これなら毎回、言いわけを用意する必要はなく、労力も時間もロスすることはありません。

このときのいい点は、飲み会を断る理由をはっきりさせられる点です。「今後は、アフター5（アフター7かもしれませんが）の時間は、すべて勉強に使いたい。だから、飲み会の席とはしばらくお別れだ」と宣言すればいいわけです。

あとは、セミナーに行き、セミナーのない日はそそくさと帰宅する行動によってそれを示し、セミナーで学んだことを仕事に還元し、役立つ知識を周りの人に伝えていくだけのことです。あなたが真剣に学び、それを周囲に示すことができれば、「へえ、そういう人だったのか」と部下も上司もそれを認めざるをえないでしょう。

もちろん、仕事に対する自分の取り組み方を変えるときは、そこに圧倒的な努力を注ぐことが必要です。中途半端に取り組めば、人はそれを素晴らしいことだとは感じてくれません。よく何事も気概が大切だといいますが、それは人間が生み出す説得力の根本が気概であるせいです。そして、周りがどうやってその人の気概を知るかといえば、言葉や理屈ではなく、その人の行動を見て感じとるということを忘れてはならないでしょう。

仕事の取り組みを変えていこうと考えているあなたは、すぐに行動に移してほしいと私は思います。

今日までのあなたが明日のあなたでなければならない理由は、この世界にひとつもないのです。

★30代で人生を変える言葉29

「習慣を変えるなら一気に変える！」

仕事を辞めるか迷ったら

価値を感じることができ、生涯をこの会社にかけてみようと思える会社に所属する人にとって、仕事への自らの取り組み方を変えることは、まだ簡単なのかもしれません。

むしろ問題は、いまの会社に価値を感じることができない人でしょう。この会社に骨を埋めていいものか、それとも転職すべきなのか。その迷いがいまだにあるとすれば、30代でどのように仕事に取り組むか以前の、とても大きな関門です。

いまの会社に価値を見出せない人が、30代になってまだそこに所属し、思い悩んでいるのは、おそらくこれまで積み重ねたことを無駄にしたくないと迷っているか、いまよりも価値を感じることのできる会社が見つからないかのいずれかでしょう。

たとえば、新卒で目指す会社に就職することが叶わず、その思いをいつまでも引きずっている人は、その典型かもしれません。

こういう人は学歴の高い人に多いものです。望みの就職が叶わなかったという過去に拘泥し、自分ほどの能力があれば世間が羨《うらや》む大手企業に入ることができたはずだという気持ちを、いつまでも捨て去ることができません。

そのため、いまは意に沿わない会社に勤めているものの、それは自分の仮の姿にすぎないと、無意識のうちに強く思い込んでいるわけです。これは、悪い潜在意識の典型といわなくてはなりません。

私は、こういう人と接するたびに、「不幸なことだなあ」と考えます。何が不幸かといえば、この手の人は、自分の可能性をいまだに信じることができない人だからです。**自分を信じることができないというのは、この世に存在する数々の不幸の中でも最大の不幸といわなくてはなりません。**

学歴や偏差値至上主義の日本では、たしかにそれが高い人に、それ相当の進路が用意されているという現実があります。

しかし、それは必ずしも100％ではありません。

落ちこぼれたり、弾き飛ばされたりする人もいます。また、たとえそうだったからといって、何か自分の行く末を悲観しなければならない必要もないはずです。

同窓生が進んだ進路と異なる道に進まざるをえなかったことは、あなたが長い人生の中でつかもうとしている成功にくらべれば、取るに足らないものです。もしも、それが障害になると考えているならば、その考えに囚われていることそのものが障害なのです。

夢や目標に向かって人が進むべき道は、たったひとつしかないわけではありません。進路というものは、つねにオルタナティブ（代替可能）です。目的地に通じる道は、３つ、４つどころかもっとたくさん用意され、諦めないかぎりは、そのいずれを歩んでも必ず目的地に到達します。目的地に向かっていろいろな道を選択することができるからこそ、人生は面白く、また可能性に満ちているわけです。

その意味では、どんな境遇に置かれているとしても、自分の不運を憐《あわ》れんだり、自分を責めたりしてはいけません。そして、他人と比較してもいけません。自分よりも状況の悪い人と見比べて自分の価値を計ったり、何かに寄りかかって自分を大きく見せようとしたりすることもご法度《はっと》です。そういう気持ちを持っていると、いつまでたっても自分に本当の自信が生まれてはきません。

とにかく一度、裸一貫の自分になってみることです。そして、周りの人が魅力とエネルギーを感じる自分になるために、全力で仕事に取り組んでみることです。
自分の中で、自分の価値が揺らいでいる間は、迷いはけっして消えないのです。

★30代で人生を変える言葉30

進路はオルタナティブ

転職をするべきか

私は、転職を迷っている人に対して、いまの会社でもっと頑張ってはどうかとアドバイスします。

その理由は、「本人が迷っているから」という単純なものです。

迷いがある人は、間違いなくほぼ全員が、確信を持っていません。逆に、確信があって転職を考えている人は、他人に意見を求めてはこないのです。

迷いがどこから生じているのかといえば、この会社でやるべきことはすべてやり尽くしたという実感がないからでしょう。そういう人は、中途半端にしか仕事をしてこなかったわけです。

私の実感では、転職を迷っている人は、こっちがダメだったから、あっちへ行くという人が非常に多いように思います。たいていの人は、転職すれば新しい未来と可能性が開けるかのように考えているわけですが、それは大きな考え違いです。

ダメだった場所から新しい場所に移るということは、自分がこれまで人生の貴重な時間を費やしてきた経験を捨ててしまうということです。5年、あるいは10年というスパンの時間を費やして得た経験を捨てるということは、企業ならありえない話です。

このような話をすると、「いいえ、5年、10年という経験があるからこそ、転職ができるんです」と反論する人もいます。

しかし、本当にそうでしょうか。

人が転職する理由の大半は、いまの会社が合わないというものです。会社が合わないというと、あたかも会社の側に問題があるかのように見えますが、じっさいは、その人がその会社の中に自分の価値を見出せなかったということです。自分の価値が見出せない以上は、その会社で得た経験をすべて否定しているのと同じです。

とすれば、「経験を活かして」という言葉は方便にすぎず、その実態は、5年、10年というスパンの時間と経験を放り投げて、ゼロからスタートすることなのです。

しかも、新しい会社に行けば、すべてが1から出直しです。日本の会社というものは、たとえ同業種であっても、伝票の書き方ひとつから取引慣行に至るまで、まったく異なっています。異業種へ行くとすれば、それはもう別世界です。そんな中で、転職先で営業所をまかされるチャンスに恵まれたとしても、これまでの経験が簡単に活かせるはずはありません。

一度転職した人は、傾向として2度、３度と転職の機会が増加するのは、経験を活かせず、しっかりした地歩を築くことができないために、次々と逃げ場を求めるからでしょう。結局のところ、この仕事をやり尽くしたと胸を張れる転職者は、ほんの一握りにすぎません。かりに、転職によって少しばかり年収が上がったとしても、生涯収入は、地道に会社に勤めた人とどちらが上かわからないわけです。

転職の悩みは、すぐれて現代的な悩みです。

たいていの場合、それは自分に向いた仕事かどうかという問題に根差しているのではなく、所属する会社の人間関係や処遇の問題に根差しています。とするならば、問題の解決法は、会社を変えることではありません。いや、所属する会社を変えてもいいのですが、どのような会社に属したとしても、どのようなポジションに就いたとしても、その仕事に圧倒的な努力を注ぎ、周りの人に自分の魅力とエネルギーを知らしめ、成功をつかむことでしょう。

その意味で、転職の迷いから抜け出すためには、まず、いまの仕事に懸命に取り組み、やるべきことをやり尽くしたという実感を自分のものにすることが先決です。それができたときにはじめて、いまの会社にとどまるか、転職するか、その先のオルタナティブな選択肢が見えてくるのです。

★30代で人生を変える言葉31

「迷ったら仕事は辞めない！」

成長する仕組みの原点

こんな話があります。

あるホテルの新人研修で、「５００脚の椅子を5分で並べ替えてください」という課題がだされました。

1チームが5人だったと記憶しますが、みな会場に並べられた椅子の多さを見て圧倒されるのか、すべてセットするのに15分ほどかかります。そして、「これ以上は、無理です」と口々にいうわけです。

ところが、「よそのチームは3分半でやったぞ」というと、「よし、やってやろうじゃないか」と全員の心構えが変わりました。その結果、すべてのチームが5分以内に椅子を並べ替えることに成功し、一番のチームは3分でやり終えたのです。

なぜ、このようなことが起こるのか。

それは、人間が限界を決めているからです。

たいていの人は、自分の中の気持ちの変化が大きく行動を変えるということを知りません。知っているという人も、たいていは頭で理解しているだけで、実践によって知ったという人はごく少数です。そのため、ほとんどの人は、圧倒されるほどの仕事が目の前に並ぶと、すぐに「無理だ」と思ってしまいます。

誰もが自分自身の視野の限界を、世界の限界だと思い込んでいる。

19世紀のドイツの哲学者、ショーペンハウエルはこう指摘しました。これは、見えていることがすべてではなく、見えていることに囚われてはいけないという教えです。

ショーペンハウエルに倣《なら》えば、自分が理解していることもすべてではないし、理解していることに囚われてもいけない、ということがいえます。理解していることに囚われることは、そこに限界を設定することだからです。

「精いっぱい」というのは、自分で決めている限界です。その枠を取り払う努力をすれば、それが簡単に広がっていくということも指摘しました。それがいかに簡単かは、心構えひとつで結果が変わったホテルの新人研修が示すとおりです。

大切なことは、自分で自分に限界を設けないことです。「できない」と考えず、「きっとできる」と考えることです。限界を決めないことは、人間が成長するための非常に大きな価値のひとつです。

30代で仕事への取り組み方を変えようとするならば、もう一度、ぜひ成長の仕組みの原点を見つめ直してほしいと思います。

やり尽くすための努力も、心構えをつくることも、自分のモードを切り替えるための最初のひと押しをたいへんに感じるだけの話です。エンジンがかかってしまったあとは、つらいこと、苦しいことは何ひとつないことに、あなたは必ず気づくでしょう。

★30代で人生を変える言葉32

「成長の仕組みをつくることに力を注げ！」

第3章まとめ

●20代で蓄積した能力からより上にいくために、行動する
●仕事は自分の能力の範囲の中で捉えない
●「精いっぱいやっている」と考えた人は、そう考えた瞬間に敗者の烙印を押される
●習慣を変えるなら一気に変える
●いまの仕事に迷っているくらいなら仕事は辞めない
●「できない」と考えず、「きっとできる」と考え、自分で自分に限界を設けない

第４章

「お金」と「時間」も選択と集中しかない！

～30代における
効果的なお金と時間の使い方～

お金を使わないと貧しくなる

お金というのは、私たちによく錯覚をもたらします。

たとえば、貿易黒字。

いわずもがなのことですが、貿易黒字というのは、日本が海外の製品やサービスを買った金額よりも、海外の国々が日本の製品やサービスを買った金額のほうが多いということを示します。要するに、日本製のほうがよく売れたということです。

これが貿易赤字だと、「日本製の人気がなくなったんじゃないだろうか?」と、一般の国民はみんな嫌な気持ちになるのではないでしょうか。日本はいまだに輸出比率がある程度の比重を占めるため、たしかに貿易赤字よりは貿易黒字という言葉のほうが、何となく安心します。

じつは、問題はこの先です。

貿易収支が黒字化している差額分はどこに行ったのか、そこが私たちにとって大切です。なぜなら、黒字になっている分だけ海外からモノやサービスを購入しないと、日本の国内にペーパーマネーが積み上げられるだけで終わってしまいます。お金が手元にいくらあっても、それを使わなければ日本の社会は豊かになっていかないのです。

企業が稼いだ貿易黒字は、大部分が海外の金融投資に振り向けられ、あまり国内に落ちてきません。国内に有効な投資先がないということなのでしょうが、こういう状態がかれこれ20年もつづいています。お金を国内投資に使わないため、いくら貿易黒字を稼いでも、日本はどんどん貧しくならざるをえません。

政府が発表する貿易統計を聞いて、黒字だからいい、赤字だから悪いと考えることは、大いなる錯覚というわけです。同じことは、個人の生活についてもいえます。

私たちが受け取る給料は、当然のことながら労働の対価です。何のために働くのかといえば、その対価で財やサービスを購入し、豊かに生活すること以外にありません。ところが、私たちの大半は、生活費を切り詰め、出費も抑えて、せっせと貯金をしています。なぜ貯金をするのか。将来マイホームを買いたいという理由もあるでしょうが、それ以上に、お金が手元にあると何となく安心だからです。日本人は将来にそれほど大きな不安を感じているのでしょう。

とはいえ、せっせと貯金すれば、その分、生活は貧しくなるでしょう。昼食をワンコイン定食にして、靴や洋服をワンランク落とすという程度ならまだしも、子どもの進学を私立から公立に変更しなくてはいけないとか、仕事に必要な書物を十分に買えないというような心理的プレッシャーが生まれると、これは見過ごせない問題です。

心理的萎縮は、デフレ強化につながるばかりで、経済が好転する見込みがなくなります。日本人がますますお金を使わなくなれば、その先はデフレスパイラルが待っているだけですが、本書は経済のことを述べる場ではありませんから、ここではお金を使わなければ貧しくなるという仕組みを指摘するにとどめます。

もちろん、生活が貧しくなっていく時代の趨勢《すうせい》に身をまかせていれば、個人の知的能力も、生産性も、活力も、そして仕事を遂行する能力も、あらゆる面で能力の総体的な低下が起こるわけです。

★30代で人生を変える言葉33

お金はどんどん使え！

価値あるものにお金を使う

危機管理学や災害対策学の世界では、「正常化バイアス」と呼ばれる作用の存在が知られています。

人間は重大事故に遭遇すると、正常化バイアスを働かせます。どういうことかというと、目の前に危機が迫ると、パニックを起こさない正常な自分を保つために、脳の生理的な反応として危険を認識する感度を弱めるのです。

個人的にひとつひとつの事例を詳しく検証したわけではありませんが、災害対策学では、**19世紀から20世紀にかけて起こった大災害を調べた結果、大規模な住民パニックが起こった例はないとされています。むしろ、正常化バイアスの働きによって、「きっと大丈夫だろう」、「すぐに政府がなんとかしてくれるだろう」という思考が生まれ、それが多数の犠牲者につながったと理解するわけです。**

たしかに、スマトラ島沖大地震では、押し寄せる大津波を目に入れていたはずなのに、犠牲者の多くは海岸線から我を忘れて逃げ出すという行動をとりませんでした。

9・11の貿易センタービルへのテロ攻撃でも、警察に「いま出動するから、動かないで待っていてください」といわれて、ビルが崩落するまで待機していた多数の犠牲者がいたといわれています。目の前の危機を正しく認識することを阻み、緊急避難行動を遅らせたものの正体が正常化バイアスなのです。

いま私たちが未曽有《みぞう》の不況に直面し、お金を使わなくなっているのも、正常化バイアスの働きではないかと、私は感じています。お金を貯めることによって、いずれ経済的な破局がくることはわかっているのに、政府も国民も、危機に対する感度をひたすら弱めているように見えるからです。

もちろん、私はあなたに、単に「お金を使いなさい」といっているのではありません。

お金は大切なものですし、それを浪費したところで、生活が豊かに変わるわけではありません。価値あるものにお金を使わなければ、使う意味はほとんどないのです。

30代で最も意味があるお金の使い道は何かといえば、私は自己投資しかないのではないかと考えます。

その理由は、いくつかあります。たとえば、日本が経済的にも社会的にも、この先どうなるかわからないこと。日本企業の海外進出が今後もつづいていくこと。今後、気候の変動、エネルギーや食糧事情の大きな変化が起こりそうなこと。世界各国は、そうした大きな変化を乗り越えて新しい成長を模索すること。まだまだほかにもあるでしょうが、一言でいえば、サバイバルの時代に入っているということです。

したがって、いまどんな仕事についていようとも、その仕事が今日と同じ形でつづくことはないと思いますし、そのための備えを不断にしておくことが重要です。正常化バイアスによって認識を曇らせることなく、世界の動きをよく眺め、勤めている会社の事業や仕事の方向性をよく見出しておくことです。

★30代で人生を変える言葉34

お金を自己投資に集中投下しろ！

お金を使うことは重要なコミュニケーション

お金の使い方は、その人の人となりをじつに雄弁に語ります。

どんなものに、どうお金を使う人なのかを見ると、その人の性格、志向、考え方がだいたいわかってしまうからです。このことは、アパレルなどの販売業に携わっている人なら、常識だと思います。

私はよく、行動で示すことが重要だと説きますが、その理由のひとつは、行動が、わかる人には必ず伝わる重要なコミュニケーションツールであるという点です。

お金を使うことも行動のひとつですから、どうお金を使うかということは、それを他人に見せるかどうかは別にして、やはり重要なコミュニケーションツールだと考えないわけにはいきません。

たとえば、優秀な営業マンは、相手が自分の提案に対してどうお金を使ってくれるかを見て、もっと喜んでもらえる提案の内容をシビアに計ることでしょう。あるいは、優秀な製品開発マンは、自分の提案に対して会社がどこまでの予算を許すかを見て、会社の期待を超える製品開発のやり方を考えることでしょう。お金というものの背後に、密度の高い無言のコミュニケーションが存在しているわけです。

そのコミュニケーションは、お互いが考える価値に対して相場的な折り合いをつけるという単純なものではありません。それは、お互いが知恵と工夫を出し合うことによって、取引される価値をより高めていくためのプロセスです。単に「この製品を買いませんか。経費が3％節約できますよ」というのではなく、「経費が3％節約できるだけではなく、事業部全体の生産性が向上しますよ」という提案に行き着いて、はじめて「わかった。ならば8台ではなく、10台買おう」という結果が生まれるわけです。

自己投資についても、考え方は同じです。

たとえば、あなたが自己啓発のセミナーに通うという自己投資を行い、その結果、仕事や勉強の効率が上がり、人間的にも成長したとしましょう。あなたの成長を見た上司や経営者は、必ず、そういうあなたを評価します。なぜなら、3章で紹介したように、あなたが会社に必要な人材だと認めるからです。

上司や経営者は、あなたがいくら自己投資をしているか知る由もありませんが、あなたの成長という結果を見て、遅かれ早かれ会社はあなたを金銭的にも必ず評価するでしょう。

★30代で人生を変える言葉35

「成長すればお金は戻ってくる！」

「お金さえあれば」から「お金がなくても、できる」へ

30代は、お金とのつき合い方が難しくなる時期でもあります。

結婚し、子どもができると、子どもの将来を考えなくてはなりません。子どもの成長に合わせてその都度、費用がかかりますし、そのほかにも、進学費用をどう手当てするか、マイホームをいつ購入するか、人生設計は忙しくなるばかりでしょう。

その中で、自己投資をどう位置づけるかは、悩ましい問題かもしれません。たとえば、月の小遣い3万円という「1000円亭主」でいつづけるかぎり、スクールはおろか、セミナーに参加する費用にも事欠くでしょう。

私は、病院を開業したてのころ、数百万円の借金をして、そのお金でセミナーに通いました。その経験が、いずれ歯科医師としての大きな武器になると考えたからです。知り合いの同業者からは、「病院が軌道に乗ったわけでもないのに、そこまです

るのか。本当にモノ好きな奴だな」と皮肉交じりに評されましたが、私は何を言われようと、自分に必要なものを淡々と身につけることに集中しました。それが私の戦略であったことは、すでに紹介したとおりです。

私は、あなたに私と同じようにやりなさい、とはいいません。自己投資も、投資という以上、そこにはリスクが存在します。怪しい投資話に乗った高齢者が大きな損失を被るのは、投資は他人に勧められて行ってはいけないという資本主義のルールを、理解していなかったがためでしょう。その意味で、自己投資もまた、あくまでも自分の判断で行うべきものなのです。

とはいえ、考え方くらいは、あなたに伝えることができるように思います。

まず、「お金さえあれば、勉強することができるのに」とは考えないことです。

こうした考え方は、けっしてプラスになりません。「お金さえあれば」というのはマイナスの思考で、その考えを強化してしまう人は、家庭環境や会社の人間関係に悪い影響を及ぼします。そればかりか、自己投資するためのお金だったものが、お金のためにお金を稼ぐという自己目的化も起こります。ミイラ取りがミイラになったら、ほんらいの目的を見失ってしまいます。

正しくは、「お金がなくても、できる」とプラスに考えることです。

自分の境遇を朗らかな気持ちで客観視できる人は、その境遇に負けるということがありません。

人間というものは、やりたいことはどんな障害があっても、やり遂げてしまう存在ですが、そういう人に共通するのは「お金があろうとなかろうと、自分には何でもできる」というプラス思考です。

世間を見ていて気づくのは、特別にいい会社に勤めているわけでもないし、収入がいいわけでもないはずなのに、結婚して5年、10年たつうちに、クルマを持ち、マイホームを持ち、子どももしっかりした学校に通わせ、地域で頼りにされるような存在になっている人がいることです。

お隣さんに、大企業に勤め、バリッとしたスーツで出勤する立派なご家庭があるのですが、奥さんや子どもの振る舞いを比較すると、どう考えても、こちらのほうが幸福度は低いように見えます。

それとなく訊けば、子どもの教育にお金がかかった時期には、本業のほかに夜中や早朝にアルバイトをするなど、いろいろ苦労はあったようです。しかし、彼はそれを苦にせずに、やり通してしまいました。家庭を守ろうという決意と、「オレならできる」という自信が、彼を支えたのでしょう。

私がイメージする人生の成功とは異なるものの、それもまた、成功のひとつの形に違いありません。どんな成功も、「お金さえあれば」ではなく、「お金がなくても、できる」から始まるということです。

★30代で人生を変える言葉36

「お金がなくても投資しろ！」

何かを諦めて、大きなリターンを得る

自分に投資する資金を無理してつくろうとすることも、考えてはいけません。

たとえば、先の例のように、夜中や早朝にアルバイトをして、自己投資のための資金をつくることは、普通のビジネスマンにとってもできない相談ではありません。

じっさい、中高年者の中には、居酒屋チェーンなどで夜の時間帯に皿洗いのアルバイトに従事し、少しでもお金を稼ごうとしている人はけっこういます。深夜の運転代行のドライバーにも、そういう人が目立ちます。バイトの目的は、生活費や事業資金の補てんなど、個人によってさまざまです。

若いうちは、アルバイトで資金を貯めるというのも、悪い方法ではないのかもしれません。かつての若者は、まとまった資金を稼ぐために、マグロ漁船に乗り込んだり、長距離トラックの運転手をしたりする人がけっこういました。そうやって稼いだ資金で会社を興したという経歴の持ち主を、私は何人も知っています。

私も、病院を開業するまでの間、アルバイトに精を出していました。そこで稼いだお金を週末に毎週のように出席するセミナーや研修会の費用に充てるためです。

とはいえ、これが通用するのは、せいぜい30歳まではないでしょうか。これからしっかりと地歩を築いていかなければならない30代のビジネスマンの身になれば、アルバイトに時間を費やすことは無理だと私は思います。

人生の時間はかぎられています。時間はお金で買うべきものではあっても、売るべきものではありません。

では、どうするか。簡単すぎるかもしれませんが、答えはこうです。

何かを得るために、何かを諦めるのです。

趣味や娯楽の中からやめるものを決め、費用を浮かせということです。現在の生活を維持しながら、自己投資の費用を工面するなら、これしかありません。

たとえば、東京や大阪といった大都市圏に住んでいる人なら、クルマをやめるという手があります。クルマを手放せば、ガソリン代や点検・車検費用、自動車税などでかなりの費用が浮きます。

あるいはゴルフをやめるというのでもいいし、格別に趣味を持っていない人ならば、飲み会をやめるというのでもいいはずです。いずれも、月に2万円から5万円くらいの出費を削ることは可能でしょう。

そのお金を、自己投資に振り向けるわけです。

これは、昇進試験や資格取得を目的とする場合、誰もがすぐに採用する方法です。ならば、半年とか1年とか期限つきだからできることという考えを持たずに、いますぐ採用してみてはいかがでしょうか。なぜなら、自己投資によって得られる人間的成長は、昇進試験や資格取得よりもはるかに大きなリターンであるはずだからです。

★30代で人生を変える言葉37

何かを諦めてでも自己投資しろ！

選択と集中しかない！

私たちは、ふだんの仕事の中で「選択と集中」という言葉を意識させられます。企業はコアとなる事業や技術に集中的にお金を投じて、生き残りをかけていますから、そこで働く社員も、それを強く意識させられて当然です。なぜその費目にお金を使うのか、その結果としてどのような効果が期待できるのか、毎年の予算づくりで苦労するビジネスマンはさぞや多いことでしょう。

ところが、経営コンサルタントなどに聞くと、意外なほど、日本企業は選択と集中に成功していません。理由はさまざまでしょうが、つまるところ、既得権益を手放したくないとか、ドラスティックな組織の変更を行いたくないとか、企業が古い体質を引きずっているからではないかと思います。

私の身近には、こういう実例があります。

それは、独立したばかりの社長さんの例です。

その人は、前職が外資系コンピュータ会社の営業マンで、いかにも都会的なセンスの持ち主です。独立して携帯コンテンツ開発会社をつくると聞いて、私は、どんな雰囲気の会社をつくるんだろうと興味を持ちました。いかにもベンチャー企業らしい、現代的なオフィスを想像していたわけです。

ところが、あるとき招かれてみると、私の予想はまったく外れていました。古びたマンションの部屋を何部屋か借りて、社員は開発部隊の3名。社長の彼も含め、みんなポロシャツ姿の軽装で、オフィスの雰囲気は颯爽《さっそう》としたかつての彼のイメージとはかけ離れていました。有力企業からの出資もあるし、大手の取引先もあると聞かされていた私としては、ちょっと予想を外されたような気持ちがしたものです。

彼がいうには、オフィスには徹底的にお金をかけないのだそうです。その代わりに、その分を徹底的に社員教育のための費用に回すのです。

「でも、そうやって技術的に高度なことを学んだ社員がよそに転職してしまったら、どうするの？　もっときれいなオフィスで働きたいとかいってさ」

率直な疑問をぶつけると、彼の答えはこうでした。

「それぞれが開発したコンテンツの売り上げによって、うちは年収５０００万円でも１億円でも可能な給与システムだから、たぶん大丈夫だよ。オフィスにお金をかけるのは、最後でいいんだ」

要するに、利益の大半を社員の技術教育と給料に還元するというのが、彼にとっての選択と集中だということです。その甲斐あって、優秀な社員３人を確保することに成功し、会社は順調に滑りだしているとのことでした。

企業の話を個人の生活に置き換えるのは愚かなことかもしれませんが、私は、今後は個人も選択と集中を行っていかなければならない時代に入るだろうと考えています。たとえお金に不自由していなくても、お金をかけるべきもの、そうでないものを明確化し、戦略的に一家を切り盛りしていくということです。

たとえば、功成り名を遂げたある大学教授は、かつて子どもさんが「バイオリンをやりたい」といい出したときに、どうしたものかと考えあぐねました。自分に音楽の素養はないし、クラシックをやりたいというのなら、楽器はバイオリンでなくても、ピアノやフルートなどいくらでもあります。なおも息子さんがバイオリンをやりたいというので、彼は知り合いの音楽家に相談に行きました。

すると、その音楽家は、ずばりとこういいました。

「あなたに、3000万円のバイオリンをいま息子さんに買ってあげるだけの覚悟があるなら、そうしてあげなさい」

その音楽家が3000万円といったのは、ストラディバリウスのことを指していました。つまり、「中途半端な楽器を使うと、子どもの耳ができない。もしそうなら、お金をかけても、それは一時の遊びで、本職になれる可能性はない」と諭《さと》したのです。

結局、大学教授は息子にバイオリンを諦めさせました。しかし、その後、彼は、息子さんの教育にはお金に糸目をつけずに大金を注ぎ込むようにしました。なぜなら、子どもに何かを身につけさせるためには、お金を小出しにするのではなく、大量に集中的に投入することが大切だと、ストラディバリウスの一件で気がついたからです。

いま息子さんは、父親の後をつぎ、大学教授として立派な業績を残しています。子ども時代の彼の望みを中途半端に叶えようとして、あれもこれもと習いごとをさせていたら、いまの彼はなかったのかもしれません。これもまた、教育の選択と集中がもたらした成功の姿といえるでしょう。

生活も、自己投資も、結局は同じことです。自分の家庭にとって、何を実現することが幸福か。そのためには妻、子ども、自分のそれぞれにどういうお金をかければいいか。そして、そのお金をねん出するために、どのような方針で何をすればいいか。自己投資をするうえでも、お金に対するビジョンを持ち、それを家庭の中で共有することが大切です。

家庭でそういうビジョンを共有することができれば、淀《よど》みのないお金の使い方ができるはずです。それが、迷わずに自己投資を行っていくコツといえるでしょう。

★30代で人生を変える言葉38

「ビジョンを持てば自己投資は簡単だ！」

お金は淀みやすい

私の実感では、お金は淀みやすいものだ、という感覚があります。

お金が欲しいと強く意識しなければ、お金を手に入れることはできません。しかし、その半面、お金が欲しいと強く意識する人は、それが手に入っても、有効に使うということがなかなかできません。有効に使えなければ、それは淀んでしまい、もはやリターンを生んではくれません。

たとえば、何年か前、インターネットマーケティングが爆発的に流行していたころ、情報商材のネット通販で大儲けをしたマーケティング長者が、それこそ何人も輩出しました。当時はまだ情報商材の黎明《れいめい》期で、『株式投資必勝マニュアル』といった投資指南をはじめとする情報商材がたくさん出回っていました。それでも、目新しさに飛びつく購入者たちによって、たいへんな売れ行きを記録しました。

インターネットマーケティングは、ホームページを読んで興味を持った人に、たとえば1本1万円のマニュアルをダウンロード購入させる仕組みです。かりに1日20人の購入者がいたとすれば、1カ月で600万円の売り上げを稼ぎだすことができます。人気の情報商材を1本でも開発した人は、それだけでひと財産を築いたわけです。

中には、わずか数年間で数億円という大金を稼ぐ人も珍しくはありませんでした。

ところが、彼らの多くは、そうやって稼ぎだした利益を貯め込むことにのみ熱心で、情報商材をさらに進化させることには使いませんでした。

その後、ブームが去ってしまうと、どんどん事業が先細りになり、いまでは会社の存続さえも危ういケースがいくつも見られます。ビジネスへの中長期的な投資をおざなりにした結果、大当たりしたビジネスの芽を、自ら摘んでしまったといえるでしょう。

思うに、彼らの中で、短期間で大金を稼ぎたいという気持ちが強すぎたのかもしれません。おそらく、インターネットマーケティングというビジネスに対する長期的なビジョンを欠き、お金を淀ませてしまったのです。

じつは、お金を淀まないように使っていくということも、資本主義の鉄則のひとつです。

資本主義のルールでは、お金を儲けたからといって、それをため込んではいけません。利益を有効に再投資していくことが、つねにビジネス継続の絶対条件になっているわけです。

自己投資においても、このルールは生きています。

自分を成長させるためには、淀みなくお金を投資していくことが大切です。それが、あなたの富を再生産するための唯一の方法です。そして、選択と集中によって、お金の使い方により磨きをかけていくことです。

★30代で人生を変える言葉39

リターンは再投資に回せ！

時間の使い方が人生を決める

お金の使い方とともに大きな課題として捉えておかなければならないのは、時間の使い方でしょう。

時間の使い方が下手な人はそれだけで大きな損をするし、逆に、時間の使い方が上手な人はそれだけでとても有利に物事を運ぶことができます。「時間の使い方が人生を決める」というのは、まさに裏切ることのないセオリーであり、誰もがそれを理解しているはずですが、意外にも、それを意識的に実践している人は稀です。

なぜ、多くの人が時間というものを軽視するのか。

ひとつには、時間というものの扱い方を知らないということがあると思います。仕事でも生活でも、自分が考える範囲で時間というものを捉え、それで時間を管理しているつもりになっているからではないでしょうか。

たとえば、「もっと上手に時間を使えるようになりたいのですが」と私に質問を投げかけてくる人の手帳を見せてもらうと、たいていの場合、紙面がスケジュールでびっしり埋め尽くされています。

「ほう、ものすごくお忙しいんですね」

「そうなんです。何をどうしていいか、ときどき自分でもわからなくなってしまうほどです」

「そうですか……」

こういうとき、私は、どういうアドバイスをしてあげたらいいのか、かなり戸惑います。

なぜなら、アドバイスを求めてきた人は、**たくさんの予定をこなすことが時間を上手に使うことだと勘違いしているからです。**

たしかに、一定の時間の中でたくさんの予定をこなすことも、ときとして重要でしょう。しかし、そんな毎日をつづけていると、ご本人がいうように、何をどうすればいいのか本当にわからなくなってしまうことでしょう。スケジュールに引きずり回され、へとへとになっているようでは、効率的な時間の使い方とはいえません。そればかりか、たいして意味のない人とたくさん会うことに価値はないし、単にそれが時間の浪費である点をもっと厳しく認識すべきでしょう。

18世紀から19世紀にかけてのイギリスに生きた、詩人であり銅版画家のウィリアム・ブレイクは、こんな言葉を残しています。

愚者の時間は時計で測れるが、賢者のそれはできない。

この言葉は、言い得て妙だと思います。体内時計とか体感時間という意味とは別に、時間は、スケジュールだけでは効率よく使うことができないものだからです。

★30代で人生を変える言葉40

スケジュールに振り回されるな！

効率の高い時間に変える方法

時間管理の本質は、スケジュールをどうするかという問題ではありません。それは、すでに何かに費やしている時間を、どうすればさらに効率の高い時間に変えていくことができるか、という問題です。

たとえば、まったく自由に使える時間が週に25時間あったとしましょう。もちろん、その時間は、まったくの空き時間ではなく、食事や入浴、家族との団らん、読書、あるいは休日の買い物やゴルフの練習などの用事で、すでに埋まっている時間です。

何か新しいことをやろうとすれば、その中をいろいろやりくりしたり、切り詰めたりして、新しいことに時間を割り当てることになります。

かりに、新しくやろうとすることに20％を割り当てることができたとして、それは

1週間のうちの5時間にすぎません。1日に換算すると、45分にも満たないわけです。

新しいことを学ぼうとするときに、これで十分だといえるでしょうか。

私の感覚だと、1日に最低90分は欲しいと感じます。90分は、大学の講義でいえば1コマです。このくらい時間をとることができれば、新しいことを勉強していくときに、区切りよく学べるように思います。

しかし、毎日90分ともなると、1週間で10時間半にもなります。もともと自由に使える時間は25時間しかありませんから、その40％以上を割り当てることになります。現実問題として、4割もやりくり節約することはできない相談でしょう。

では、どうするか。

私なら、通勤時間をまず新しいことを学ぶための時間に使います。こういう話をすると、決まって出てくるのが、次のような反論です。

「井上さん、そういうことを話してくださる人はたくさんいるんですが、通勤電車は混んでいて、本を開くこともできないというのが現実なんですよ」

なるほど、それはそうでしょう。しかし、満員電車で何もできないと思えば、その人は単に何もできない人になってしまうだけです。

私なら、満員電車で身動きがとれないときは、教材のテープを聞きます。いまどきの教材は、クルマで移動する人のためにCDになっていたり、満員電車で移動する人のためにテープになっていたり、メディアが本ひとつしかないということはありません。そうすると、片道1時間、往復2時間がまるまる勉強に使えることになります。

誰しも経験があると思いますが、勉強した内容を記憶に定着させる一番の方法は、それを口に出して誰かに教えることです。

そこで私なら、会社の同僚と昼食をとるときや、同僚とともに仕事先に移動する時間を利用して、相手に自分が勉強した内容を話します。そういうチャンスがない場合は、入浴のときの浴槽で目の前に相手がいると仮定して、勉強した内容を口に出してしゃべります。相手の質問まで予想して、その質問にもいちいち答えを口に出して話しかけるのです。

このような方法をとると、口に出した内容をよく覚えることができるだけでなく、どの部分の理解が足りないかということもはっきりし、学習効果はとても向上します。

こうすることで、新しい勉強に割く時間がどのくらいになるかというと、往復の通勤時間が2時間、仕事の合間に同僚に話して聞かせる時間が10分、入浴時に10分として、1日に2時間20分も新しい勉強に費やすことができます。土日も同じ時間をとるとすれば、1週間に16時間以上を割り当てることができるのです。

★30代で人生を変える言葉41

【時間はつくれる!】

時間の質を変えていく

私たちの身の周りには、効率の悪い細切れの時間がけっこうあります。通勤時間や食事の時間ばかりでなく、自宅を出て駅まで、あるいは駅から会社までの歩く時間、次の営業先を訪問する合間の調整時間などを活用して、その短い時間にマッチした何かを一緒に行うようにすることが、時間管理の第一歩です。

たとえば、英語を勉強している人なら、その時間に必ず英語のフレーズを復習するのもいいし、覚えたての歴代アメリカ大統領の名前を口に出してみるのでもいいでしょう。とにかく、いま勉強していることの中から、細切れ時間のサイズに合った何かをそこに組み込むわけです。かつて大学院の学生だったころ、私は夜床について眠るときも、枕元に筆記具とノートを置いていました。それは夢で思いついたアイデアを書きとめるためのものでしたが、いま思えば、これも時間管理のひとつだったといえるでしょう。時間管理の要諦《ようてい》は、同じ時間をいかに効率のいい時間に変えていくかということです。

したがって、その時間を使ってついでに何かをすればいい、というわけではありません。

たとえば、同じ1時間の会議であれば、より内容が濃く、はっきりした結論を導く会議にするためにはどうするかという時間の効率化も、考えていかなくてはなりません。そのために、徹夜で資料を用意しなければならなかったとしても、何も決まらず、翌週の会議に結論を持ち越して、そのためにまた1から資料を用意しなくてはいけないという羽目に陥るよりは、はるかに効率的で無駄がないからです。

つまり、どのような課題を達成するために設けられた時間かをしっかり把握し、その時間内によりよく課題を達成していくことが、時間管理の目的ということです。

その意味では、新しいことをやろうとして時間管理を行うときも、ただ密度の薄い時間を濃くすればいいということではありません。その時間を使って何を達成するか、どうやって達成するかということをいつも考え、それを実行していくことが大切です。満員電車の中で懸命に勉強したとしても、結果をきちんと出さなければ、人生はちっとも豊かになってはくれないからです。

私はかつて、セミナーでみっちり時間管理を学んだ経験があります。そのとき、時間をいかに効率的に使うかで、人生に、それはそれは大きな差が生まれることを痛感しました。時間管理の深さ、さまざまな手法を身につけたい方には、一度専門のセミナーを受講し、そこで実践的に学んでみることをお勧めします。

私はいまでも、時間管理を行い、自分が過ごす時間の効率をいかに高めるかに腐心しています。ですが、それも朝起きてから午後6時までの間にかぎったことで、それ以降は、まったく時間管理なしにごく普通に過ごします。

人間はメリハリが必要ですし、朝から就寝まで時間管理をしようとすれば、それはあまりに余裕のない話です。時間管理に対しても、選択と集中によって強弱をつけることが、人生をより豊かにするコツなのです。

ビジネスマンのあなたなら、朝起きてから会社から退けるまでの時間を、時間管理によって効率的に過ごすことを目標にするのはどうでしょう。

★30代で人生を変える言葉42

スキマ時間を徹底的に使え！

パワーパートナー

人生のかぎられた時間を有効に使う非常に有力な手段は、時間管理以外に、もうひとつあります。

それは、パワーパートナーの存在です。

パワーパートナーというのは、自分の力になってくれる人、自分のビジョンを支えてくれる人、つまり真のよき理解者のことです。パワーパートナーを持つ人は、その人たちの時間を活用すると同時に、その人たちにもそれを最高の成果をもたらす時間にするという互恵《ごけい》関係を成り立たせています。お互いに「その人のためなら」と、命を分かち合うような関係といえます。

私には何人かのパワーパートナーがいますが、ごくわかりやすい例を示してみましょう。

たとえば、旅行のパワーパートナーです。彼は、私が旅行するときに、そのスケジュールを一括して管理してくれます。もちろん旅行会社に勤めているわけですが、仕事で行く旅行、プライベートで行く旅行、すべてを把握し、マイレージの管理まで行ってくれています。

航空便も混乱する東北大震災の直後、私はベトナムの国際セレモニーに出席する予定が入っていました。その際も、「明日のベトナム行きを実現してくれないか」と電話すると、彼はさまざまな方法を検討し、夜には私のもとに、何通りかのベトナム渡航パターンを示してきました。

災害時ですから、普通ならインターネットを開いて、首っ引きで問い合わせをしないと航空チケットは手に入らないわけですが、私は電話1本かけただけで、夜に回答が寄せられるまで、まったく焦ることなく別の仕事に没頭していました。パワーパートナーが、私の手間暇をそっくり代替してくれたわけです。おかげで、私はその時間をとても有効に使うことができました。

もうひとつ例を挙げると、会計と銀行のパワーパートナーも大きな存在です。

会計のパワーパートナーは会計事務所の税理士ですが、私の病院スタッフの給与計算から雇用管理まですべてを行ってくれます。

また、税金を納めるときは、彼から「明後日の11時にお願いします」と連絡が入ります。すると、その時間に彼と銀行のパワーパートナーが病院にやってきて、私は目の前で書類を受け取り、それを確認してサインと印鑑を押すだけです。

銀行のパワーパートナーのほうは、病院はもとより、私の個人口座の管理まで行ってくれます。たとえば、クレジット決済の資金が不足しそうになったら、「こちらのほうに資金をいくら移しておきましたので」という具合に、すべてを考えてやってくれるわけです。

もちろん、こうしたパワーパートナーは、サービスの提供に対する対価を求めてくるわけではありません。旅行会社の担当者の場合はチケット代にそれが含まれ、税理士の場合は税理士報酬にその対価が含まれているという考え方もできますが、彼らが私のために費やしてくれている労力から比べると、ものの比ではありません。彼らは、私がやっている仕事、やろうとしている仕事に対して、ある種の夢を共有し、理解者として私と強い互恵関係を結んでいるのです。

このほかに、マーケティングを行ってくれるパワーパートナー、ホテル暮らしをサポートしてくれるパワーパートナーなど、私にはたくさんのパワーパートナーが存在します。

彼らは、私から見れば「チームイノウエ」といえるような、有機的なつながりを持って動いているわけです。

★30代で人生を変える言葉43

チームをつくれ！

パワーパートナーが時間を生み出す

どんなことでもそうですが、より大きな仕事をしようと志せば、パワーパートナーを持たずには成しえません。日常の雑事に時間をとられていれば、人生はそれだけで終わってしまいますし、時間はいくらあっても足らないでしょう。

たとえば、世界的な大企業のＣＥＯが「生産をアジアにシフトする」と指示すれば、工場の移転、社員の移転、移転先の国との交渉、部品供給ルートの確保など、現場ではものすごく大規模な変化が起こります。そのいちいちをＣＥＯが自ら行おうとすれば、時間的にとうていできる話ではありません。彼にそれができるのは、パワーパートナーがそれぞれそれを分担して実行するからです。このようにたとえれば、パワーパートナーがいかに莫大な時間を自らに与えてくれるか、おわかりいただけるのではないでしょうか。

もちろん、あなたにはまだ、パワーパートナーといえるほどの相手は存在していないかもしれません。

しかし、自分が本当に望んでいる仕事をするためにどういう人が必要かを考えたとき、その価値観を共有できる相手は必ず生まれます。それは、こちらから何かを与えていくと同時に、向こうからも何かを与えられるという、人間同士の深い友情関係から最初は築かれていくものです。

たとえば、仕事の課題に取り組んでいると、同じ課題に取り組む仲間が必ずいることでしょう。そういうときは、「オレはこれを調べるから、お前はこっちを調べてくれ」という協業が生まれます。この協業から生まれる信頼と友情ほど強い互恵関係はないでしょう。協業というのは、一方通行の作業ではありません。仕事のやり取りだけでなく、仕事とは違った次元の価値を相手と交換することだからです。相手とこのような関係を築いていく中で、あなたのパワーパートナーとなる人が徐々に増えていきます。そして、相手にあなたが全力で応えていくことで、それが相手の利益にもなっていきます。その同盟関係が、あなたの時間を生み出すのです。

★30代で人生を変える言葉44

いますぐパワーパートナーを探せ！

時間をお金で買う

パワーパートナーとはいかないまでも、似た役割を担ってくれる人にお金を払って、時間を買うということも悪いことではありません。

たとえば、夜帰宅してからしなくてはいけない洗いものや洗濯、掃除を代わりにやってくれるパートタイマーを雇い、その時間を自分のやりたいことに充てるのです。かりに時給1000円、1回2時間を週2回依頼すれば、月に1万6000円でひとり暮らしの洗濯や片づけはあらかたすんでしまいます。

私の友人は、かつて単身赴任先でこの手を使っていました。彼の場合は、その時間を勉強に充てたのではなく、仕事に充てていました。証券の仕事でしたから、晩御飯をとり終えたころを見計らって個人のお客さんに営業する必要があり、それがすんでから帰宅するとどうしても午後11時を回ってしまいます。妻がいる東京の自宅では何不自由なかったことが、地方支店に転勤したとたんに大きな負担になったのです。

洗濯や掃除を肩代わりしてもらった時間を使って、彼は不慣れな地域で顧客を少しずつつかんでいきました。パートタイマーへの出費は、成果連動のボーナスでその何倍ものリターンを得ていたため、何も苦にならなかったと聞いています。

もちろん、何かの知識や技術を身につけるために、時間をお金で買ってもいいわけです。たとえわずかな金額とはいえ、お金で時間を買ってみると、人間はその時間を無駄に過ごせなくなるだけでなく、もっと集中して効率を高めようとしますから一石二鳥でしょう。

★30代で人生を変える言葉45

ときには時間も金で買え！

自分でやることはもはや何もない

パワーパートナーはあくまで対等な関係ですが、それは部下との関係においても、ひとつのヒントを与えてくれます。

ときどき、部下に仕事を任せられないという人を見かけますが、これから夢や目標を実現していこうとする30代のビジネスマンは、こうした態度を厳に戒めなければいけません。部下に任せられない、いちいち細かくチェックしなければ気がすまない、あるいは自分の思いどおりに仕事を進めていなければ小言をいう。そういう考え方は、いっさい捨て去ることです。

なぜなら、それは自分の時間を無駄にすることだからです。

20代のときのあなたは、すべてを自分がやりとおし、自分が考えたとおりの結果を出そうと頑張ってきたことでしょう。しかしながら、その習慣を30代で引きずってしまうと、仕事は増えるいっぽうです。やるべき仕事が増えるのではなく、やらなくてもいい仕事がどんどん嵩《かさ》んでいくわけですから、目も当てられません。

部下の仕事ぶりは、たしかに心配かもしれません。とはいえ、部下が自分の考えているとおりに仕事をしていないとしても、それを否定する必要はないのです。あなたは、結果だけを見て、部下にアドバイスしたり、叱ったりすればいいだけのことです。

私などは、仕事をどんどんスタッフに任せ、自分で考えさせて処理させます。そのとき私が彼らに教えるのは、お客さんの立場で仕事に取り組むこと、自分に甘えないこと、数字に対して責任を持つことなどです。あとは、仕事のプロセスであれこれ指図をせずに、結果に対してアドバイスするだけです。

たいていの上司は、部下を自分のクローンにしようとします。自分が2倍の仕事をするために、もうひとりの自分をつくろうとするわけです。ところが、こういう試みがうまくいった例はありません。

たとえば、包丁人の世界では、師匠は弟子に包丁の使い方を見よう見まねで覚えさせますが、そこに弟子を師匠のクローンにするという発想は微塵《みじん》もありません。

もちろん、弟子は最初、包丁を持つ形を一生懸命にまねるでしょう。しかし、徐々にそれだけではうまくいかないことがわかってきます。魚のおろし方なら、表面に包丁が当たる角度、食い込み具合、包丁の滑らせ方など、次第に包丁と魚との関係性でそれを理解するようになります。その修練があって、包丁を持つ構えに関係なく、つねにきれいにおろされた魚という結果が生まれるわけです。

それを、師匠が途中のプロセスにダメだしを入れつづければ、弟子はいつまでたっても育ちません。きれいにおろされた魚よりも、師匠と同じプロセスをとることばかりに固執し、大半が挫折してしまうからです。

ビジネスマンの仕事でも同様です。人間が持つ個性はそれぞれまったく異なりますし、見ている物も、取り組み方のイメージも違います。すでにあなたがお手本を見せているわけですから、あとは、それを見た部下が自分に最も適したやり方で同じ結果を出すことを待っていればいいのです。

部下に仕事をどんどん任せる習慣が身につけば、それだけで、あなたが自由にできる時間は格段に増えていくことでしょう。部下に任せられることは自分ではいっさいしないという姿勢を、30代でぜひ身につけてほしいものです。

究極の時間管理というのは、自分でやることは何もないという状態を指しています。

逆に、すべて自分でやるという状態が最も効率の悪い時間管理であることを、私たちはよく理解しておかなければならないということです。

★30代で人生を変える言葉46

「やることがなくなるまで部下に任せろ！」

第4章まとめ

●価値のあるものにお金を使う
●お金があろうとなかろうと、「自分には何でもできてしまう」というプラス思考が大切
●何かを諦めたそのお金を自己投資に振り向ける
●お金をかけるべきもの、そうでないものを明確化し、選択と集中を行う
●利益はため込まず、有効に再投資に回す
●その時間を使って何を達成するのかよく考え実行する
●自分の時間を生み出してくれるパワーパートナーを見つける
●部下にどんどん仕事を任せ、自分でやることは何もない状態が究極の時間管理

第 5 章

30代は新しい人間関係をつくる最高の時期だ！

～豊かな人間関係をつくるための
「出会い」と「コミュニケーション」の技術～

モデル不在の社会

人生は、人と人とのかかわりによって導かれていくものです。もっといえば、人と人とのかかわりによってしか、それが豊かに導かれていくことはありません。

当然ですが、重要なのは出会いであり、素晴らしい人と出会うことができればできるほど、その人の人生は自然に充実していくことになるわけです。

素晴らしい人との出会いを経験した人にとって、以上のことは自明の理です。ところが、きわめて不幸なことですが、人生で一度も素晴らしい人に出会ったことがないという人が、最近とみに増えているように感じます。統計をとったわけではありませんが、そうした相談を私に持ちかける人が、年を追うごとにどんどん増えているからです。

「中学生や高校の先生とか、大学の恩師とか、こういう人になりたいと思ったことがあるでしょう？」

「それが、ないんですよ」

「じゃあ、会社の中で、憧れた先輩ならいるでしょう？」

「いいえ」

多くの人がみな、こんな調子です。

学識者はよく、現代はモデル不在の社会であると指摘します。こういう人になりたい、こんなふうに成功したい、そんな人生の目標になるような対象が、いつの間にか社会から消えているわけです。

モデル不在の社会のもうひとつの特徴は、人間関係に悩みを抱える人が確実に増えたことです。

私が若かったころは、人間関係の悩みを抱えても、そのほとんどは一過性のものでした。悩み解消のきっかけはどこにでも転がっていたし、不仲になった相手にちょっと働きかけることで、それはいとも簡単に解きほぐれたのです。

その証拠に、昔の成功哲学系の本には、「対立する相手と仲良くなるために、わざと衝突せよ」とか「意識的に敵をつくれ」といったノウハウが紹介されていました。

これはたぶん、アメリカの西部劇などに見られるパターンを応用したノウハウでしょう。

たとえば、主人公がある日、対立する相手と殴り合いのケンカを演じます。互いに我慢を重ねてきたものの、堪忍袋の緒が切れるわけです。徹底的に殴り合いを行った揚句、２人とも体力を消耗し尽くしてその場で大の字に伸びてしまいます。すると、それ以来、２人は無二の親友になるのです。拳と拳を交えることが、男同士の理解を生むということです。

現代的な視点では、けっして出来のいい戦術とはいえないわけですが、くり返し映画などで描かれているところを見ると、このような人間関係構築術もたしかにその昔は通用したのでしょう。それに比べて、現代は難しい時代になったな、と感じます。

★30代で人生を変える言葉47

「モデルになる人を見つけよう！」

豊かな人生を導くための人間関係

現代の社会で、先のようなパフォーマンスをすれば、おそらく周囲から「変わった人」という一言を浴びて終わりです。こんなに単純な人間関係は、どこを探しても見つかりはしないでしょう。

その理由は、社会が複雑になったというよりも、人間に仲間を求める動機が希薄になったことだと、私は思います。仲間を増やし、発言権を増すことで何かを達成しなくてはならない強い動機が、私たちの周辺から失せていっているのです。

考えようによっては、私たちはたしかな人間関係をひとつも築かなくても、不自由なく一生を終えることができます。それが核家族であり、近所づき合いのない地域社会というものです。

ところが、それでもなお、人生を豊かにするものは人と人とのかかわりであることは変わりません。

いっぽうでは、他人と積極的にかかわる動機が薄れ、いっぽうでは、人と人とのかかわりを求めなくてはならない。その二律背反《にりつはいはん》が、現代人の悩みの根源ではないかと、私は思います。その結果、私たちは、学ぶべき素晴らしい人との出会いに無頓着になりながら、ほんらい価値のない慣れ合いの人間関係には執着して流されているのではないでしょうか。本当の喜びが欲しいという強烈な動機のないところに、本物を見つけようという考えは生まれないからです。

30代は、本物の人間関係を築こうとするあなたにとって、とても重要な時期に当たります。豊かな人生を導くためには、どうしても仲間が必要です。仲間といっても、それは群れる仲間ではなく、自分を磨くための鏡になってくれるような仲間です。仕事に対しても生き方についても、自分に方向づけをしてくれるような、素晴らしい目上の人たちとの関係が決定的に重要になるはずです。

現代においては、世代間のコミュニケーションがきわめてとりづらいかもしれませんが、世代の枠を超えて人間関係を広げていくことが、30代で目指すべき方向性でしょう。

たとえば、いまあなたに、訪ねて行って教えを請うことのできる目上の人がいるでしょうか。「じつは最近、こういうことを考えているのですが……」と、率直にありのままを打ち明けられる目上の人が何人いるでしょうか。

私の場合は、20代のころから素晴らしい先生方と出会うことに一生懸命でした。大学院というつながりを飛び越えて、この先生に会ってみたいと思えば、すぐに連絡をとって会いに行きました。それほど、人生の師と仰げる人、あるいは自分の人生を方向づけしてくれる素晴らしい人に飢えていました。

その甲斐あって、たくさんの素晴らしい先生方と出会うことができましたが、それでももっと素晴らしい人がいるに違いないと探しましたし、いまなお探しつづけています。そうやって、私の財産ともいうべきいまの人間関係を築いてきました。

あなたの場合も、30代のいまが将来に豊かな人間関係を築くためのスタートの時期である、ということです。

★30代で人生を変える言葉48

ひとりでは何もできない！

インプット量に人間関係は比例する！

問題は、良い人間関係を築くためにどう行動するか、でしょう。

私が歯科医師という専門分野で素晴らしい人を探したように、あなたの専門分野でさまざまな人に出会うことは比較的に容易だと思います。

たとえば、自分の専門分野で注目されている人に会いに行くことです。

そういうことに慣れていない人はピンと来ないかもしれませんが、セミナーで出会った素晴らしい先生に、個人的に面談を申し込むなど、いろいろな方法があるはずです。

あなたが情熱を持ってその先生に会いたいと申し込めば、ほぼ100％の人が喜んで会ってくれるでしょう。

ただし、そうやって出会いを求めるのは、ほんの最初のステップです。

最初は、単に「感銘を受けました」という話で十分でしょうが、そこから先は、あなたの努力次第です。やがてあなたは、先生にあれこれ教えを受けるだけではつき合いをつづけられないという現実にも、気づき始めるでしょう。

なぜなら、そうしたつき合いをつづけていくためには、こちらにも情報発信力が必要になるからです。人間関係はすぐれて互恵的なものですから、とくに社会人の人間関係は、一方的に教えを請うだけでは成り立たないのです。

そのため、あなたは、以前にも増して勉強しなくてはならないと痛感するでしょう。先生は、同じような志を持つ人の集まりを紹介してくれるでしょうし、それ以外の勉強法も教えてくれるでしょう。そうこうするうちに、必ずあなたの人間関係は広がっていくに違いありません。

★30代で人生を変える言葉49

「インプットを増やせ！」

会社という狭い世界から一歩踏み出す

じつは、このような人間関係を持っている人は、会社の人間関係で悩むようなことが少なくなるか、あるいはなくなってしまいます。

経験的に見て、社外にたしかな人間関係を築いている人は会社の人間関係に悩まなくなるし、会社で生じるおかしなことに巻き込まれにくくなります。なぜかといえば、自分が拠って立つ人間関係を、会社とは別に持っているという確信が、社内のさまざまな出来事の緩衝材として作用してくれるからです。

これも統計をとっているわけではありませんが、社内の人間関係に悩む人の大半は、社内という狭い世界にしか人間関係を築いていない人が圧倒的に多いのです。

たとえば、人生の成功者には、過去の人間関係をきれいさっぱり捨てている人がたくさんいます。高校や大学の友人にも、自ら連絡をとろうとはしません。友人を邪険に扱うわけではありませんが、過去の友人が仲間で集まろうと連絡してきても、そういう話に乗ろうとはしません。

その理由は、明確な人生のビジョンを持ち、そのビジョンのもとで確固とした新しい人間関係を築いているからです。過去の友人と昔話で慣れ合ったとしても、そこに何も価値は生まれないとわかっているからです。もちろん、恩師が出席する会合では準備や連絡などで責任を果たし、出席も普通にするでしょうが、あくまで、それはそれ、これはこれ、なのです。

人生の成功者は、会社においても同様です。

たとえば、ベンチャービジネスを成功させ、一代で富を築いた社長のほとんどは、会社の人間関係というものにまるで頓着しません。専務が何か企んでいるとか、常務を味方に引き入れようとか、そんなことは露も考えないわけです。

それは、人間関係で会社が多少揺らいでも、拠って立つ自分の足元がそんなところに依存していないということに、強い自信があるからです。そして、専務や常務に仕事を任せ、自分は社外の人間関係の中に自らをより磨いていく道を見出していきます。社長が社内の人間関係に囚われているようでは、その会社の成長はありえないのです。

あなたにも、同じことがいえます。もし、社内の人間関係に悩みがあるとすれば、それは会社という狭い世界に、あなたが引きこもっているからです。その狭い世界から一歩外へ踏み出し、そこに自分の理想に基づいた人間関係を築くことができれば、会社では仕事以外で頭を悩ますことは何もありません。

思えば、子どもの精神病が目立って増加したのは、１９７０年代に日本の社会が徹底的に核家族化すると同時に、学校で体罰が禁止されて以来のことです。拳を使ってでも子どもにこれを伝えたいという情熱が教師から失われたことで、子どもたちは学校に疑心を抱き、両親が共働きで留守にしている狭い家以外に身の置き場がなくなりました。

それ以来、子どもたちは、人間関係を築くことが不得手のまま成長し、社会に送られていきました。私にいわせれば、それは当たり前のことです。外に自分が拠って立つ人間関係を構築することができないで、家庭で健やかに成長することも、安心して勉強に打ち込むこともできるはずがありません。

それと同じことが、いま大人社会の会社という組織の中でも起こっているように思います。おそらくは、年功序列制度の崩壊、非正規雇用の増加が、そこで働く人々の企業に対する疑心を増幅させているのでしょう。その自縄自縛から抜け出すためには、会社という狭い世界の外に出て、確固とした人間関係を築くしかありません。

30代というのは、これまでの世界観を壊し、新しい人間関係の扉を開くスタートの時期であると同時に、最後のチャンスといえる時期かもしれません。新しい自分の未来を拓くためにも、素晴らしい人との出会いを求め、それを突破口にすべきなのです。

★30代で人生を変える言葉50

「まったく新しい人間関係を構築しろ！」

どうやって良い人間関係を築くのか？

一昔前、人間関係で重要なことは、「気配り」と「配慮」だといわれました。

当然のことながら、この2つはいまもその重要性に変わりがありません。長幼の序といえば若い人は馬鹿にするかもしれませんが、とくに目上の人と接するときは、これらを欠くことはできないでしょう。

とはいえ、若い人と話していると、気配りや配慮のニュアンスをなかなかうまく伝えられないもどかしさを感じることも事実です。私の年齢の人間が考えるそれと、若い人が考えるそれは、どこか決定的に異なっているのです。

私は医療の世界でキャリアを築いたため、気配りと配慮について格別の注意を払って学んだという記憶があります。なぜなら、医師はみなプライドが高く、できるからといって偉そうにしていれば、たちまち反感を一身に浴びてしまいます。大学院を4

年で卒業するために、あるいは開業医として独り立ちするために、やはり先輩を立てていかなければ目的を達成することはできないわけです。

しかしながら、いま気配りと配慮を語ろうとすれば、私のそれは波風を立てないことや、反感を買わないためのものという印象があるかもしれません。もし、そうだとすれば、ビジネスマンがふだん会社でやっていることと何が違うのか、ということにもなってしまいそうです。

気配りと配慮というのは、じつはもっと積極的なものです。悪く思われないようにやるというのであれば、それは逃げの手段ですが、本当のところはその逆で、相手によく思ってもらうための攻めの手段です。しかも、好かれたい相手に好かれるための手段ですから、これを身につけられるかどうかは、その後の人生をじつに大きく左右します。

★30代で人生を変える言葉51

積極的な「気配り」と「配慮」でコミュニケーションしろ！

予想外のコミュニケーションをとれ

よくテレビの老練な司会者に「気配りの人」と呼ばれる人物がいます。そういう人の特徴を聞いてみると、収録のたびにおいしいお菓子を持ってくるとか、廊下でたまたますれ違うようなときにでも気さくに声をかけてくれるとか、そんな評判ばかりです。要するに、末端のスタッフを含めて、「いつも気にかけてくれる」というわけです。

しかし、「いつも気にかけてくれる」ということが、それほどすごい気配りなのでしょうか。私の経験からいえば、それはちょっと違うと思います。

私がよく知る年配のタレントさんも、「気配りの達人」といわれるひとりです。彼の得意技は、ロケのたびに現地で何か買い込んでくることです。もちろんそれは、高価なものではありません。たとえば、浅草の浅草寺でロケがあれば、浅草寺の出店で売っている駄菓子などをいろいろ買って、共演者に配るのです。

あるとき、彼は、どこかで買った紙風船などの江戸期の紙製おもちゃをスタジオで取り出し、出演者やスタッフに「これ買ってきたんだけど」と披露しました。どういうふうに遊んでいいかわからない相手には、「こうやるんだよ」と遊んで見せます。すると、「え？　面白い」とみんなが一瞬のうちに盛り上がり、遊び始めました。彼も「うまい。うまい」とかいいながら、やはり一緒に遊んでいるわけです。

この光景を見たとき、私はなるほどと思いました。

彼が出演者やスタッフに好感を持たれる理由は、**一緒になって遊び、時間を共有するところ**なのでしょう。いみじくも連合艦隊司令長官の山本五十六は、部下の心を動かすための次のような上官の心得を残しています。

やってみせ、いって聞かせて、させてみて、褒めてやらねば人は動かぬ。

まさに、紙のおもちゃで一緒に遊んでいた年配タレントさんは、文字どおりそれを地で行って相手の心を動かしているということです。

どのようなことでもそうですが、一緒に何かをしたという記憶ほど、相手に対して好感を抱かせるものはありません。たとえば、セミナーの同じ教室に座っていたというだけではダメですが、同じグループで一緒に課題を解いたとなると、がぜん相手に対する親近感が湧いてきます。

このことは、バレンタインの義理チョコの返礼にちょっとしたキャンディーを職場の女性たちに渡すときに、自分もひとつ頬張って見せる男性が好感を持たれるのと同じです。そのほうが女性たちもキャンディーを頬張りやすくなるため、無意識のうちに「気さくないい人ね」という気持ちになるわけです。

一緒になって遊んだり、キャンディーを頬張ったりするのは、意識的にやろうとして、いつもそうできるものではありません。**気配りといえば、計算ずくでやっていることのように受け取られますが、意識的にそれをやっても、意外と人は喜ばないものです。計算からはみ出しているところがあるからこそ、人はその人に好感を持ってくれるということです。**

そうして考えると、「……褒めてやらねば人は動かぬ」というきわめて実用主義的なニュアンスを持つ言葉とは裏腹に、山本五十六も人間的にとても豊かな人物だったに違いないと思えてくるわけです。それは、部下の動かし方というよりも、権威主義的な上官の部下に対する乱暴な言動を戒めるためのものだったように思います。もしそうだとすれば、山本五十六の言葉は、思いやりの本質をついています。

★30代で人生を変える言葉52

一緒に体験しろ！

思いやりの品質

サービスにも品質があるという考えはいまや常識ですが、その昔、サービス品質という概念がはじめて登場したころは、日本中が「なるほど！」と顔を見合わせました。ジャパン・アズ・ナンバーワンという掛け声に浮かれていた日本人は、形のないものにも品質があると知って驚いたのです。

それは当然のことで、世の中を考えると、あらゆる物事ひとつひとつに品質があることはすぐわかります。

たとえば、小説にもそれがあります。一流の文士といわれる人たちの作品世界を比べると、いい品質のものとそうでないものがあるし、文章そのものについても品質の差があることは歴然としています。私たちは、「面白かった、面白くなかった」という単純な尺度で受け止めるだけですが、当の本人は、たとえ売れていても自分の作品に忸怩《じくじ》たる思いを抱いているかもしれません。逆に、品質の高さを誇りながらも売れ行きの悪さを呪っている作家もいるでしょうが、小説は作品世界の品質が勝負ですから、これはいたしかたありません。

同様に、相手を思いやる気持ちにも、やはり品質というものがあります。**素晴らしい人の思いやりは、混じりっ気がなく澄んでいて、味がいいのです。対して、思いやりの気持ちが薄い人のそれは、混じりっ気が多く、のど越しが悪かったり、胸につかえたりするのです。**ここで私が混じりっ気というのは、自己顕示欲のことです。

思いやりの品質を最高にする方法は、私にはまだよくわかりません。ただし、それを世の中の基準から見て相当に高いものにする方法は、比較的に簡単です。それは、自分の中にある自己顕示欲を抑え、さり気なく思いやることでしょう。

そのためには、まず上から目線をやめることです。先の山本司令長官の言葉ではありませんが、「自分が相手だったら、いわれたとおりにできるのか」と自分を戒め、相手を受け入れることです。

同時に、下から目線もやめることです。お追従や甘えの気持ちで仕事は成り立ちませんし、まして、はるかに大きいあなたの夢や目標が達成されることはないからです。

そして、どのような相手に対しても悪い感情を持たず、つねに自分をニュートラルな状態に保つことが、とても大切です。

そういう状態で相手のことを思いやれば、そのやり方がうまい下手に関係なく、人はあなたの気持ちを素直に受け止めてくれるのです。

★30代で人生を変える言葉53

「上から目線」も「下から目線」もやめろ!

富裕な一家が繁栄を築くのはなぜか

私が見るに、富裕な一家には共通点があります。

それは、人づき合いにそつがないし、他人の主張をしっかり受けとめるという点です。そして、たいていは、地域全体を眺めて、その地域の発展に貢献することは何であれ積極的に行おうとします。だから、他人から妬まれたり、恨まれたりすることがありません。

親のそういう姿を見て育った子どもも、たいていはとても円満な性格です。おそらく「人に嫌われるようではダメだ」と教えられていることでしょう。そういう一家が、営々と繁栄を築いているし、これからも築いていくわけです。

さて、人に好かれることは、私たちが自分の人生を考えるうえでも必須のことです。好かれるというのは、相手のためになる人間になるということです。何かあったときに、相手がこの人の意見を聞こう、この人の方針を聞こうという気持ちを抱く人間になることです。

そのためには、知識や技術、そして判断力などを磨いていかなければならないわけですが、それよりも以前に、どんな相手でも受け入れられるようにならなければなりません。相手と同じ土俵に立って言い争いをするのではなく、相手の主張を受け入れ、もっと高いところから土俵全体を眺めることができるようにする、ということです。

たとえば、自分に接する態度が悪いとか、自分に好意的ではないとか、つき合っていて感情を害する相手というのはどこにでもいます。そういう人間が上司にいれば、毎日嫌な気分がするし、それが部下だったときは頭にもくるでしょう。しかし、だからといって、精神的に参ってしまうとすれば、一人前の男としてはあまりにもひ弱といわなくてはならないでしょう。

私は、そういう場合、相手に批判的になるのではなく、好意的に接するようにします。もちろん、卑屈になるわけではありません。好悪の感情抜きに相手にきちんと接する自分を維持していくだけです。相手の態度には、その人に何か事情があるはずだと考え、その事情が氷解するのを待つわけです。

もちろん、相手はすぐに変わってくれないかもしれません。しかし、それはそれでいいことです。そんなことよりも職場や会社全体を眺めて、自分が一番いいと思うことを実行し、それを貫いていくだけのことです。

全体のために働こうとする人間を、人はけっして疎かにしないものです。

★30代で人生を変える言葉54

どんな相手をも飲み込め！

40代、50代を豊かにしていく人間関係

30代というのは、今後の責任ある立場に向かって、本当の人間関係を構築していくべき年齢です。

人間関係に悩んでいる暇は、もはやありません。

人づき合いで失敗するような出来事があっても、そんなことに拘《かか》わってはいけません。つねに全体を眺めながら、それがうまく運ぶように気遣って仕事に取り組んでいけば、失敗は簡単に取り戻せるし、壊れた人間関係も必ず修復することができます。後ろを向いて自分を責めようとせずに、明日のこと、1年後のこと、そして10年後のことだけを考えていけばいいのです。

10年後に、自分はこの組織をこうしたい、そこでは活き活きとスタッフが立ち働いている、そういうビジョンを持ちつづけていけば、あなたは周りの人に必ず好かれま

す。同時に、周りの人は、あなたの言葉を聞くために集まってくるし、あなたのビジョンを共有することに喜びを感じるでしょう。

そして、会社の人間関係だけに囚われず、外部に自分の世界を広げていくことです。よく人は、所属するコミュニティーが多ければ多いほど、安定感を増すものです。それは社長の名刺にたくさんの所属団体の名称が印刷されているのを見かけますが、それは自分を大きく見せているのではありません。それは自分が代表を務める会社が、いかに大きな基盤の上に安定しているかを示しているのです。

あなたには、それほど多くのコミュニティーや人間関係は、まだないかもしれません。30代で、それを築いていきましょう。人間関係の輪を広げることは、あなたの40代、50代をより豊かにしていく大きな資産になっていくはずです。

★30代で人生を変える言葉55

あらゆるコミュニティーに参加しろ！

第５章まとめ

●豊かな人生を導くためには、自分を磨くために鏡になってくれるような仲間が必要である

●会社の人間関係に囚われない

●「気配り」と「配慮」は相手によく思ってもらうための攻めの手段

●好感を持たれる最大の方法は、一緒になって体験し、時間を共有すること

●思いやりを高める方法は、「上から目線」も「下から目線」もやめること

●人に好かれる人は、高いところから土俵全体を眺め、相手の意見を聞き入れる人である

第6章

自由に選択できる人生を手に入れる！

～いますぐできる！
人生を変える９つのリスト～

かつて青春時代といえば、高校から大学を卒業するまでのごく短い期間をいうのが普通でした。

ところが、最近は社会人になっても、結婚するまでは青春時代だといわれたり、いやいや、50歳、60歳になっても青春時代を送ろうというスローガンさえ見かけたりするようになりました。

いくつになっても青春だという主張には大いに賛成ですが、こと仕事や会社のことになると、30代は明確に青春に別れを告げなくてはいけない年齢だと思います。保守的にしっかり仕事に取り組んでいかなければならないし、そのいっぽうで、思い切って自分の可能性を広げていかなければならないというのが、30代でとるべき戦術の選択基準といえるでしょう。

その意味では、がむしゃらに、右も左もわからないまま知識と技術の習得にまい進してきた20代とは、何もかもが決定的に違っているのです。

将来こうなりたいという自分に対して、あらためてビジョンを明確にすることも必要ですし、その実現に向かってとるべき手段もはっきりさせなければなりません。

会社人生の40年間を10年間単位の４つの期間にわけると、すでに基礎を身につける第1期間は終わりました。

30代は、夢や目標に向けての本格軌道に仕事のキャリアを乗せるだけでなく、そこに加速度をつけて、レバレッジも利かせていかなくてはならないでしょう。

そのためには、何をすればいいか。この章では、その具体的なステップを紹介していきましょう。


いますぐできる！人生を変える9つのリスト①

10年後の自分を明確に

夢や目標を実現しようとするとき、私はそのための計画を練ります。

何かをするときに無計画で始める人は少ないでしょうが、計画というものを正しく把握している人は意外に少ないものです。

たとえば、10年後に取締役になりたいと考えている人がいるとして、その人はどんな計画を立てるでしょうか。10年後に取締役に就くためには、5年後には部長になっていないといけないな、とタイムスケジュールばかりを考えるのではないでしょうか。そして、いまグループ長だとすると、「このへんで大きな契約をとって、人事考課を上げておかないといけない」と考えたりするでしょう。

ところが、こうしたタイムスケジュールは、じつはほとんど意味がありません。なぜなら、計画というのは、明確なゴールをイメージして、そのゴールから逆算して得られるものだからです。

たとえば、富士山の頂上に登る計画を立てるとします。

そのときに、地図を見て、ここからここが何キロメートルだから、いついつ出発しようというだけで計画といえるでしょうか。

富士山の頂上はどのような気象条件を持ったところなのか、そのときの服装はどのようなものが適当なのか、靴はどうか、飲み水や食糧はどの程度必要かなど事細かにイメージできなければ、登山は無理です。頂上にたどり着いたときの自分を実感することなしには、準備もできません。

同様に、10年後に取締役になりたいと考えるなら、この会社における取締役の仕事はどんなことか、どのようにすれば取締役として会社に貢献できるのか、そのためにどんな能力を発揮していなければならないかなどを事細かに把握することなしに、取

締役になるための準備はできないということです。

当然のことですが、準備ができないところに、計画は存在しようがありません。

私は、人生の夢や目標を実現するためには、まず明確な目標を持つことだと、つねづね指摘していますが、これは普遍的なセオリーです。目標を明確にし、それを達成したときのイメージを具体的に把握しなければ、目標に向かって一歩一歩階段を上っていくことはできないのです。

ですから、30代のあなたは、目標を明確にして、しっかりとした計画を立てましょう。目標を明確にすることができれば、いま何をすべきかが明確になっていきます。逆に、何となくこれが必要だと思っていることの中に、目標の達成のために必要ないというものが出てきます。人生の時間はかぎられていますから、趣味でやるというもの以外のことに、無駄な時間とお金を費やすことはやめましょう。

勉強したいこと、身につけたいことは多いでしょうが、あっちにこっちにと目移りしているうちは、あなたの目標がまだ明確な形になっていないということなのです。

お金と時間の戦略をつくれ

明確なビジョンを持ち、計画をつくることができたら、次はそれを戦略的に実行する番です。

戦略というのは、自分や会社の事情に合わせて、それを達成する方法を考えることです。

もちろん、自分ひとりの力ではとうてい及ばない部分がたくさん生じているはずですから、師と仰げるような素晴らしい人を探したり、将来パワーパートナーになってくれるような仲間との出会いを求めたりしなければなりません。

一番の問題は、時間でしょう。30代というのは、仕事も家庭も多忙になる時期ですから、時間管理をして自分の時間をねん出することは一苦労だと思います。

しかし、それはとてもいい訓練です。

じつは40代になっても、50代になっても、自分の時間をつくれない人は時間に追いかけられ、生涯、満足に自分の時間をつくることができません。たいていの人は、時間をつくるという言葉は知っていても、時間をつくろうとする強い意識と、そのつくり方の具体的な方法には無頓着だからです。

逆にいえば、30代で時間管理を意識し、それを実践することは、それだけで将来、たいへん大きな強みになります。

たとえば、先日、知り合いの家で、自宅で語学学習をしている奥様の姿を見かけましたが、彼女は語学テープを聞き、それを口に出してリピートしながら、手は忙しく編み物をしていました。冬にかけての間に、３人の子どもたちにセーターをつくっているというのです。

また、知り合いの編集者は、待ち合わせまでの時間や移動のための電車内で、いつも英語の原書を読んでいます。見ると、つい１週間前に会ったときに読んでいた本はすでに読み終えていて、違うものを読んでいます。彼はそうやって、どんどん英語に堪能になっていくわけです。

知り合いの奥様も、編集者も、それが将来5年、10年の積み重ねになったとき、何もしないでぼんやり過ごしている人のそれとは、たいへんな仕事量の差になって目の前に表れることでしょう。

戦略というと、緻密《ちみつ》な計算と謀《はかりごと》をイメージするかもしれませんが、そうではありません。やるべきことをやり尽くすために、何をどう運ぶのか、その方法を自分なりのやり方で編み出すことです。そして、それを持続可能な方法として、日常生活の中に落とし込んでいくということです。

そのためには、さまざまな自己投資も必要になると思います。もちろん、自己投資ひとつにしても、単に知識や技術を身につけるだけでなく、その中で素晴らしい人との出会いを求めたり、価値ある人間関係を築いたり、そのチャンスを何倍にも効率化する手段はいくらでもあると思います。

夢や目標に向かって、自分の人生をいかに効率化できるか、それを追い求めることが戦略の構築と実行なのです。

いますぐできる！ 人生を変える9つのリスト③

爆発的な成長の瞬間まで待て

能力というのは、足し算ではなく、掛け算です。

1日1冊の読書能力が1日2冊になれば、それだけで能力はたちまち飛躍的に向上します。会社でも、情報を発信する、情報を理解する、技術の使い方を覚える、それを仲間に伝える、そうした細かな積み重ねが、大きく成長する企業とそうでない企業の差になって表れるのです。

あなたという個人においても、この原則は裏切りません。そうやって自分の能力を磨き、たしかな成長の手ごたえをつかむことが、人生を成功させるための大きな自信になります。

私は、本当の自信こそが、夢や目標を達成する最大の原動力であると昔から考えてきましたが、それは自分がやるべきことをやり尽くした結果として、私の胸に落ちてきた偽りのない実感です。

面白いもので、やるべきことをやり尽くした私には、インプラントの歯科医療の世界で「この手術はできない」というケースに遭ったことがありません。自慢に受け取ってほしくないのですが、「なぜ、こんなに難しい手術ができるんですか」と同業者からも驚かれます。ところが、私には、それが難しい手術のようにはどうしても見えないのです。

その理由は、やるべきことをやり尽くしたということが第一ですが、その結果、私の能力が何倍にも増したということではないかと思います。能力を磨き、それによって掛け算で能力が増していき、それが今度はゆるぎない自信となってさらに能力が増すという好循環を生んだのです。

ただし、若いころに経験したことのある人はピンと来ると思いますが、掛け算といっても、最初はなかなか実感することができません。なぜなら、能力の掛け算は2次関数の曲線のようなもので、あるところまではなかなか大きな飛躍に結びつかないからです。

その状態にじっと耐えながら、なおも勉強をつづけていくと、あるとき爆発的に能力が向上していくことがわかります。勝負は、この爆発的な成長が訪れるときまで、自分のモチベーションを保ちつづけていけるかどうかなのです。

たとえば、いままで学んできたことの断片がある日、全部つながって、その対象を丸ごと理解したという感覚を、すでに経験している人は、それをもう一度30代で体験するつもりで、これから始める新しいことに取り組んでください。その経験がない人は、人間にそういう体験があることを疑わず、それが自分の中にやってくるまで、懸命にやり尽くそうとしてください。

30代で、この経験を自分のたしかな実感としてつかめるかどうかは、今後の人生を左右するほどの出来事になるはずです。本当の自信を自分の中に生み出すためにも、このことにぜひ取り組んでほしいと思います。

いますぐできる！人生を変える9つのリスト④

常識や過去は捨てよう！

常識に囚われないことは重要だ、という言い方があります。

常識に囚われると、新しいことが生まれません。新しい何かにチャレンジしようとするなら、常識を一度、頭の中から追い出して考えることが重要だという程度の意味です。

この21世紀において、こうした認識はいかにも緩いと、私はいつも思います。常識に囚われない、というのではなく、常識は捨てたほうがいいと考えているからです。

私たちの目的は、自分をいかに成長させるかです。この成長は、誰もがイメージす

るような、普通の成長ではありません。それは、誰もが「どうして、こんなことができたのか」と驚くような成長であるはずです。

そういうときに、果たして常識が必要でしょうか。

それは、過去のこうだから、この程度でいいのではないか」「常識的にはこうだから、この程度でいいのではないか」

それは、過去のビジョンの範囲内にとどまるための言いわけに使われるだけです。常識を持ち出すことが、自分の可能性を否定することなのです。

新しいことを始めるためには、まず、従来の常識を捨てなくてはなりません。そのためには、過去を断ち切ることが重要です。

新しいことに取り組むとき、人はどうしても過去の自分を持ち出します。

たとえば、本を読み込むときに、「自分の読書ペースはこのくらいだから、1カ月に5冊のペースで読めばいい」と目安をつけることがそれです。月に20冊、30冊は読まなければならないはずなのに、「経験からいって、それは無理だ」と決めつけてしまうわけです。

自分で決めつけを行えば、その瞬間に、それが自分の限界になります。

人間の能力はどのように限界が設けられているのか、詳しいことはじつは何もわ

かっていません。その証拠に、よく例として取り上げられるのは、火事場の馬鹿力です。燃え上がる火の手に驚くことで、「うわ、たいへんだ」と脳にスイッチが入り、お年寄りの女性が100キロ超の箪笥《たんす》を持ち上げて運んでしまうような、常識では説明のつかない馬鹿力を発揮するわけです。

もちろん、火事場の馬鹿力を1日24時間、365日発揮せよ、というつもりはありません。ただ、この世には常識では測れない人間の能力があることを、私たちはもっと信じたほうがいいのです。それを信じることができないとしたら、100メートル走で人類が10秒の壁を破ったことに感動する必要はないし、オリンピックもとりやめてしまったほうがいいということになってしまうでしょう。

先の読書量では、たとえばアメリカにMBA留学を果たした日本人は、1週間の授業で読まなければいけない書物の量に辟易《へきえき》するといいます。分厚い英語の原書を、それこそ週末に10冊も20冊も読まないと、授業についていけないからです。

MBA留学した私の知り合いは、日本にいたときは週にせいぜい2冊か3冊の読書しかしませんでした。それも日本語で書かれた本です。

ところが、留学先で「これを読まなければ単位を取得できないし、それどころか退学になってしまう」というスイッチが入った瞬間に、理解できようとできまいと、あらんかぎりのスピードで原書に目を通し始めました。最初は、ほんの1割、2割しか理解できなかったようですが、そのうちに読むことに苦痛を感じなくなりました。そして、毎週末には寸暇を惜しんで20冊程度の原書を読む生活を2年間つづけ、無事に修了しています。

必要こそ、成功の母なのです。

そのためにも、常識や過去に囚われてはいけません。あなたの能力は、30代から先の未来が決めることなのです。

いますぐできる! 人生を変える9つのリスト⑤

行動することで素晴らしい人との人間関係を求めよ

あらゆる教育に共通するのは、内向きになってはいけないという教えです。

内向きの考えや発想を持った人間は、狭い人間関係の中で争うようになります。その結果、人間の活力は失われ、成長のエネルギーもとどこおります。有史以来の歴史を見ればわかるように、その先に待つものは決まって知の停滞です。

歴史と会社を同列に扱うのはいささか無理があるかもしれませんが、人間の歴史から見ればほんの瞬間にすぎない個人の会社生活という時間軸においても、同じことが起こっています。

たとえば、会社の中の狭い人間関係にとどまり、それのみに依存しようとする人は、必ず成長のエネルギーを淀ませ、ひどいときには精神的におかしくなってしまいます。内向きになり、その狭い視野に映る物事にのみ囚われることは、それほど危険なことなのです。

人間関係について述べた部分でお話ししたように、人生の成功をつかもうとするあなたは、会社の外にしっかりした人間関係を築くことが必要です。

じつは、その昔から、ビジネスマンにはこれといった適当な交流の場がないといわれてきました。そこに目をつけた大手企業が１９９０年代に、いくつかの異業種交流研究会を実験的に立ち上げたことがあります。人脈が欲しい一流企業の中堅ビジネスマンが一堂に会すのですから、すぐに人的ネットワークが形成され、異業種交流によるビジネスが簡単に立ち上がるだろうというのが読みでした。

数年がたつと、その読みが見事に外れていたことが明らかになります。たしかに、交流会にやってきた人々は、積極的に交流し、ネットワークを形成しました。ところが、お互いに気楽に電話をかけることのできる関係が成り立っても、それだけで終わってしまうのです。

なぜか。彼らに、夢や目標がなかったからです。会社が彼らに提示したビジョンの中でしか、交流が進まなかったからです。この異業種交流会を仕掛けた中心人物に話を聞いたことがありますが、忸怩たる思いがあったのか、彼は「期待に反して、御用聞きの集まりになってしまった」と自らの企画を酷評しました。

人間関係をつくるうえで、また新しいビジネスを生み出すうえで、個々人の夢や目標が果たす役割がいかに大きいか、この一例は、非常に象徴的に物語っています。夢や目標を語ることがなければ、現実はその場にとどこおり、人々も可能性を外に向かって追求していかないのです。

この例から引き出せる教訓は、**素晴らしい人に出会い、新しい人間関係をつくるためには、自分の夢や目標を語らなければならないということです。さらに、語るだけでなく、それを自分が実現するということを、強く宣言することです。**

あなたがそれを実現するための本当の行動をとっていれば、同じ志を持つ仲間は、必ずあなたの周りに集まってきます。ビジョンを共有するということは、お話や理屈を共有することではなく、行動を共有することだからです。

いますぐできる！人生を変える9つのリスト⑥

自己投資ではお金と時間を淀ませるな

お金と時間をかけないところに、自分を成長させる道はありません。これが資本主義の鉄則であることは、すでにお話ししたとおりです。

考えてみれば、資本主義はじつに不思議なシステムです。富を築くために資本を投下するということは、お金を儲けるために、お金を投げ出さなくてはならないということです。

必ずしも儲かるとはかぎらないわけですが、お金を投げ出さないかぎり、儲けを出すチャンスもありません。そのため、みんないっせいにお金を投げ出します。その寄せては返すお金の波の中で、ある者は大金を稼ぎ、ある者は損失を出し、富の再配分が大規模に行われていくわけです。

企業に使われる身のビジネスマン個人の生活に、こうした経済のダイナミズムを適用しようと考えること自体、かつては非常識なこととされました。個人は給料を受け取って、細々と生活をつないでいくのが当たり前だと、誰もが思っていたからです。

ところが、年功序列が崩壊し、非正規雇用が増加してみると、旧来どおりの寄らば大樹の陰はまったく通用しなくなりました。猫も杓子《しゃくし》も自己投資に励む以外に、生き残りの道が開けなくなったのです。

才覚の時代になったのだ。そんなふうに私は思います。

旧来どおりの生活スタイルは、もはや時代にそぐわず、窮屈になっています。おそらく、これからは個人が未来に備えて、たゆみなく自己投資を行わざるをえない時代になっていくのでしょう。夢や目標を達成しようとする私たちは、こうした時代の変化を半歩先取りして、積極的に自己投資を捉えていかなくてはいけません。

投資の要諦は、お金を淀ませないことです。企業の態度に学ぶとすれば、儲けが出たら、それを再投資に回し、それをストップさせることなしにくり返していくことです。

いまでこそ過渡期ですが、そのうち大手企業も社員の副業を許すようになるはずです。リーマン・ショック後の２００９年春に、日産が社員の休日副業を許可しましたが、こうした流れがさまざまな企業に波及していくでしょう。

休日副業といえば、そこまでするほど生活は苦しくないというかもしれませんが、こうした動きの延長線上にあるのは、労働の事実上の完全自由化です。休日に働くか、勉強するかの違いはあるでしょうが、自己投資をしない個人は生き残っていけない時代がやってくることを、日産の例は強く示唆しているのです。

給与所得者にとって自己投資はどうあるべきか、その問題に対する回答を模索しつつ、私たちはお金を淀ませることなく自己投資をつづけていく態度を、いち早く身につけていかなくてはならないということです。

時間についても、それは同様です。

いますぐできる！人生を変える9つのリスト⑦

人と接するときは、つねに全体を考えよ

人生の成功をつかむ人間は、必ず人望を伴っています。人に好かれ、人から頼りに

される人間が最終的に成功をつかむということです。

人望には、カッコいいとかハンサムだとか、外見はまったく関係がありません。相手のためになる、ひいては組織全体のためになる「いいこと」を発信しているかどうかで、それは決まります。

30代は、どうすれば自分が人望ある人間になれるかを考え、そのための具体的なスタートを切ることが重要です。

全体をバランスよく眺め、全体の成長に役立つことのできる人は、会社も大切にしてくれます。会社が成長していくためには、そういう人の存在が欠かせないからです。

社会の中で生きるということを大きく捉えれば、人間の価値は、つねに人望によって決まるといっても過言ではありません。その意味では、与えられたノルマや達成する方法や、与えられた課題を解決するテクニックを学ぶよりも、人望を得るための人間力を磨くほうがはるかに大きな学びの対象であることに気づかなくてはいけません。

もともと人望のあるタイプの人は、心理学や人間学を学んでそれを伸ばしていけばいいでしょうが、そうでない人は、思い切った自己変革を行う時期が30代だといえます。

その一番の方法は、素晴らしい人に出会って、話に耳を傾け、その影響を大いに受けることでしょう。２番目は、すでに紹介したとおり、読書をして自分を磨くことです。３番目は、他人に対して悪い感情を持たないように精神修養をすることでしょう。悪い感情を抱けば、それは必ず自分の身に跳ね返ってきます。

人間を磨くためには、まず自分へのこだわりを捨てることです。自分にこだわる人は、相手のことがけっして見えません。

たとえば、会議で相手が興味深い指摘をしても、「それは自分の考えとは違う。おかしな考えだ」と否定的に受け取れば、せっかくの相手の着眼点もまったく頭に入ってこなくなります。自分の考えにこだわるなら、会議をしても無意味ですし、それが高じるとコミュニケーションさえ意味を失ってしまうでしょう。

禅の世界には、「**我見《がけん》を離れる**」という言葉があります。

また示にいわく、学人第一の用心は、まず我見を離るべし。我見を離るとは、この身を執着すべからず。（『正法眼蔵随聞記《しょうぼうげんぞうずいもんき》』懐奘《えじょう》・和辻哲郎著／岩波文庫刊）

これは鎌倉時代初期に生きた道元《どうげん》の言葉で、簡単にいうと次のような内容です。我が強い人は、他人の忠告を聞き入れないため、その人は少しも変わらないし、人格的にも成長しません。しかし、我を捨てると、他人の指摘に気がつくようになり、人格も変化して人間的に成長していきます。

人間の成長は、自分にこだわらず、自分を捨てることであると、すでに13世紀に発見されていたわけですが、それから700年がたとうとしている現代において、この単純な事実を実践する人は珍しいのです。もちろん、私たち凡人に自分をいっさい捨てることはできないでしょうが、全体を見るための方法、そして人望を得るための方法は、道元の言葉に書き尽くされていると私は思います。

前述したように「道具としての私」にはこだわる必要がありますが、30代ともなれば、そろそろ我見を離れることを考えていかなければならない時期といえるでしょう。

いますぐできる！ 人生を変える9つのリスト⑧

いい記憶を潜在意識に投げ込め

人生の成功を手に入れようと考えるとき、忘れてならないのは潜在意識の役割です。潜在意識の中にある願望が、あなたに働きかけ、夢や目標を実現するための無意識の行動や態度をとらせます。

潜在意識というのは、一般にコントロールできない世界と捉えられています。それは無意識の世界であり、洗脳でもしないかぎり手を加えることは困難だからです。かりにそれができたとしても、期待どおりにそれを働かせることはできないと考えられています。

ただし、潜在意識の中にいい記憶を投げ込んでやることは、それほど難しいことではありません。

潜在意識の中に投げ込まれる記憶というのは、最初は意識された記憶です。その記憶は、しばらくの間、意識にとどまっていますが、そのうちに意識から消えてしまいます。消えるというのは、忘れてしまうということです。記憶は意識から消えることによって、潜在意識の中に投げ込まれるのです。

潜在意識の中に記憶が貯め込まれるこのメカニズムを考えると、いい潜在意識をつくるためには、意識が重要だということがわかるでしょう。同じ出来事に対しても、それをどう意識するかによって、潜在意識の中にそれがいい記憶として投げ込まれるか、悪い記憶として投げ込まれるかが決まるわけです。

したがって、すでに指摘したように、何事をもいい記憶、プラスの記憶として意識することがたいへんに重要です。マイナスに受け取れる出来事が起こっても、「しまった」とか「ひどいことをいわれた」とはけっして思わないことです。すでに述べたように、何かを指摘されたときは、「教えていただいて、ありがとうございます」と感謝の感情を持つことが、意識された記憶をプラスに変えるコツです。

ところで、大きな災難が降ってきたときに、「それはいいことだったんだよ。あのままでいたら、もっとひどい目に遭っていたんだから」と、とんでもない逆転の発想をする人がいます。たいていの人は、そういう考え方を一笑に付して、「そこまでひどい目には遭わなかったけど、現実に災難に遭ったことは事実なんだ」と考えるでしょう。

前者が意識したことは潜在意識にいい記憶であり、後者のそれはよくない記憶です。何事もいいようにとる人のことを、現代人は小賢しく批判しますが、私から見れば、それこそが現代人の弱点そのものです。先の道元ではありませんが、自分に執着しているからそうした考えに囚われるのです。

私の感覚では、何事をもいいようにとる人は、ほとんどが天真爛漫《てんしんらんまん》な人です。そういう人は、たとえ高い教育を受けていなくても、自分に強い自信を持っているケースがほとんどです。その自信がどこから生まれたものなのか特定する術はありませんが、私は、そういう人にはいい潜在意識が働いて自己実現が叶い、それが原因で強い自信を抱いているのではないかという仮説を立てています。

いますぐできる！人生を変える9つのリスト⑨

モチベーションを維持する2つの方法

到達すべき夢や目標が明確になり、しっかりとした計画を立てたら、あとはやるべきことをやり尽くすだけです。

私の場合は、すでに紹介したように、誰にどう評されようとも、他人の目はいっさい気にせずに、淡々とそれをやりつづけてきました。私が描くゴールを達成するために、何と何が必要かということは、計画段階で十二分にわかっていましたから、後はそれをバランスよく学び、身につけていくだけでした。

もちろん、私はそれをつづけていった先に、自分が圧倒的なアドバンテージを受けることはわかっていました。

しかしながら、手に入れることのできるものがいかに大きいとしても、長期間にわたってそれをやりとおすモチベーションを維持していくのは、なかなか困難なことかもしれません。

高いモチベーションを維持するために、私の場合は2つの特効薬を自分で用意していました。

ひとつは、心の支えになってくれる仲間です。

私は、目標を達成する自分というものを、一度も疑ったことがありません。とはいえ、独りで歩きつづけていると、どうしてもモチベーションが下がるときがあります。そういうときは、信頼している素晴らしい仲間に会い、よく話し込んだものです。彼らもまた、とてつもない夢や目標を抱き、淡々とそのゴールに向かって、やるべきことをやり尽くそうとしていたのです。

「あなたは、それができる人だよ」

そのときに彼らが私にかけてくれた言葉が、そのときの私をどんなに勇気づけてくれたか計りしれません。そうした仲間とのコミュニケーションは、私のモチベーションを高く保つ特効薬でした。人生の成功をつかむためには、ともに大きな夢や目標に向かう仲間を持つことがとても重要です。

もうひとつの特効薬は、成果を出すたびに、自分にプレゼントを与えるということでした。人生の成功をつかむために淡々と努力を傾けるといっても、そのプロセスに楽しみがなければ、人生を送る意味がありません。最後に楽しみをつかむために、そこに至るまで苦行をつづけるというのなら、それは修行僧の世界でしょう。私はいうまでもなく、生身の人間です。そこで、私は、成果を出すたびに、自分にご褒美を与えることにしました。30代のころは腕時計が流行っていたため、満足のいく結果を出すたびに、ひとつずつ腕時計をコレクションしていました。それは私にとって、節目、節目で勝ち取った勝利のトロフィーのようなものでした。

「ゴールへの前進を象徴する物をコレクションするという方法は、私にとって思いのほか、高いモチベーションを維持する効果がありました。腕時計のコレクションが、ひとつ、またひとつと増えていくにしたがって、自分が一歩一歩ゴールに近づいていくことを確認することができただけでなく、疲れたときはそれを眺めながら、「自分はまだまだ先に進むことができる」と思いを新たにすることができたからです。

あなたも、高いモチベーションを維持して夢や目標に向かって突き進むなら、素晴らしい仲間と、自分なりの勝利のトロフィーを用意しておくべきです。

第６章まとめ

●10年後の自分を明確に
●お金と時間の戦略をつくれ
●爆発的な成長の瞬間まで待て
●常識や過去は捨てよう！
●行動することで素晴らしい人との人間関係を求めよ
●自己投資ではお金と時間を淀ませるな
●人と接するときは、つねに全体を考えよ
●いい記憶を潜在意識に投げ込め
●モチベーションを維持する２つの方法

第7章

30代でやってはいけない10のリスト

〜いますぐできる！
「潜在意識」に良い影響を与える習慣〜

仕事の知識や技術を学ぶと同時に、人間力を磨いて一回りも二回りも大きな人間になるためには、潜在意識の働きを知って、それをうまく働かせる方法を身につけることが大切です。

あなたの大きな成長を促す潜在意識を活用するためのテクニックを、ここで10項目にまとめてみたいと思います。

30代でやってはいけない10のリスト①

×ぎちぎちの計画を立てない

人生、仕事、すべてにおいていえることですが、目的が明確であれば、計画というのはつねにシンプルな形で表れてくるものです。なぜかというと、目標を明確に意識すると、計画の中から余計なもの、必要のないものを省かざるをえなくなるからです。

私はときどき、いろいろな分野の勉強をしている人を見かけることがあります。私の講演を聞きに来てくれる人の中には、マーケティングやＩＴ、財務会計など、それこそ非常に広範囲の勉強をしている人がけっこう目立ちます。話をしてみると、彼らのほとんどは毎週のようにセミナーを受講する予定を組み、それこそぎちぎちに計画を立てているわけです。

　こういうとき、私は、そういう方々の考えがさっぱり理解できません。いまの仕事に直接関係する知識や技術を学べばいいのに、なぜ直接関係もせず、さらに広範囲な分野に手を広げようとするのか。たとえ将来の独立起業を目指していたとしても、やるべきことはいま自分に求められている仕事力、人間力を磨くこと以外にありません。

　明確な目標を持たない人は、えてしてさまざまな勉強に手を出し、余計なこと、必要のないことで、人生の時間をぎちぎちに埋めてしまっています。

　仕事やアフター5の予定についても、同じことがいえます。

　ぎちぎちに予定を立てている人のスケジュール帳を眺めると、そのほとんどが他人に振り回された予定で埋め尽くされています。意味のない根回しや表敬訪問、報告すべきことのないミーティング、結論を先送りするだけの会議、どれもみなそうです。

　人生の目標や理想の自分がはっきりと見えていないから、何となく他人と会ったり話したりする予定ばかりが増えていくわけです。

　人生の成功をつかもうとするなら、計画や予定は、ぎちぎちに立ててはいけません。ぎちぎちのそれは、人生の目標や理想の自分を明確にすることへの、あなたの混乱を意味しています。

また、たとえその計画や予定が自分にとって本当に必要なものだと確信しているときも、やはりぎちぎちに計画や予定を立ててはいけません。なぜなら、ゆとりのない状況で勉強をつづけることは、その学びを自分の成長に結びつけることが難しいからです。余裕のないスケジュールの中で、頭の片隅で不満を感じていたり、喜びがなかったりすれば、その学びそのものが潜在意識にいい影響を与えてくれません。

たとえば、「2年間、独房に閉じ込められたつもりで頑張ってみよう」というような、悲壮な覚悟はしないほうがいい、ということです。学んだことを自分の能力に100%落とし込み、なおかつそれをいい潜在意識として残していくためには、ゆとりのある計画を立てることを心がけましょう。

30代でやってはいけない10のリスト②

×用事をメールで片づけるな

メールをすること自体が悪いというわけではありません。

しかし、あらゆることをメールですまそうとする人が最近とくに増えていることに、私は少なからず危惧《きぐ》を覚えています。

私は、何かいいことを思いつくと、すぐに相手に携帯電話をかけます。電話の内容は、面会の申し込みだったり、提案やアドバイスだったり、その時々によっていろいろです。もちろんメールで相手に伝えることもありますが、たいていは携帯電話です。

理由は、2つあります。ひとつは、そのほうが返事を早くもらえること。もうひとつは、口に出していったほうが相手によく伝わること。

メールの文章にはかぎられた感情しか込めることができませんから、相手には自分の本気度や情熱の半分も伝わらないでしょう。いい提案をしたつもりでも、相手はその感情のない情報から判断するため、得られた結論にお互いのビジョンの共有もないわけです。

コミュニケーションというのは、一種の気の交流でもあります。私は、先に人間同士で潜在意識を共有することができるという話をしましたが、コミュニケーションの究極はこの状態をつくることでしょう。素晴らしい人との出会いには、多かれ少なかれ、こうした潜在意識の共有が起こっていると私は考えます。

人生を導く人間関係を構築するということを考えると、何事もメールで相手に伝えることを習い性にしている人と、携帯電話をかけて話をする人とでは、長い間にたいへんな差がついてしまうことでしょう。ですから、メールで伝えればいいと考えないで、いますぐに行動することです。

思うに、何事もメールですまそうとする人は2タイプがいるようです。ひとつは、いわれたくないことを相手からいわれることを警戒してメールにするタイプ。もうひとつは、いいにくいことも相手に伝えやすいと考えてメールにするタイプ。いずれも、自分で障壁を設けているわけですから、そこに健やかなコミュニケーションは生まれません。いいたいことを相手に率直に伝えたり、耳の痛い指摘でも素直に受け止めたりというコミュニケーションの基本が成立しないのです。

コミュニケーションで問題になるこうした障壁は、相手に対する思いやりや感謝の気持ちの欠落を端的に物語っていると、私は思います。自分は思いやりのある人間だ、感謝の気持ちのある人間だと考えるなら、難しい相手とコミュニケーションをとるときに自分の心に浮かんでくるわだかまりを、一度、徹底的に見つめることです。そして、相手とどのように接すれば、そのわだかまりを解けるかを考えてみることです。

あなたは必ず、自分の中に相手に対する思いやりや感謝の気持ちが不足していることに、たどりつくでしょう。そして、そこにたどりつけば、すぐに携帯電話をかけることをためらうこともなくなるでしょうし、いいにくいことをいったり、指摘されたくないことを指摘されたりしても、それが自分にとってマイナスではなくプラスになると気づくでしょう。

この変化を自分に引き起こすことは重要です。考え方が変わると、あなたがとろうとするコミュニケーションは、すべてプラスのものに変わってくれます。それは、あなたの夢や目標の実現に必要な潜在意識にとっても、大きなプラスの作用を及ぼすに違いありません。

30代でやってはいけない10のリスト③

×ワークライフバランスを考えてはいけない

最近は、「男性にも育児休暇を与えるべき」と主張する声が上がり、ワークライフバランスという言葉も流行り始めました。たしかに仕事漬けのビジネススタイルへの批判が起こっても不思議ではないほど、日本のビジネスマンは低賃金で長時間働かされている現実があります。

しかし、ワークライフバランスに対する議論は、長時間労働の改善と、男女共同参画社会の実現という2つの方向性が一緒くたになったものである点に注意しなくてはいけません。

ワークライフバランスという言葉には一見、進歩的な考え方というニュアンスがありますが、そこには人生の成功、あるいは夢や目標の達成という視点はありません。

私にいわせると、仕事はお金を稼ぐためのものであり、生活をするためのものであるという、一面的な認識を前提にしているように思います。逆にいえば、男性が働いて女性が家庭を守るという、男女の性差による分業を否定するための論理とさえいえそうです。

私は、男性も女性も人生の成功をつかむことさえできれば、男性と女性による分業社会でも、男女平等社会でも、どちらでもいいと思っています。とはいえ、ワークライフバランスをとる生活を送るとすれば夢や目標は達成できない、とも考えています。がむしゃらに夢や目標を追い求めるからこそ、人生にブレークスルーが生まれるわけで、私もワークライフバランスを考えていたらとてもいまの自分はなかったと感じるからです。

心にとどめていただきたいのは、30代は、すぐ結果が出るか遅れて結果が出るかは別にして、人生の勝負が決する年代だということです。40代、50代で成功している人としていない人との差は、すでに30代で決しているということです。

たしかに、30代で子どもをもうける夫婦の増加は著しく、読者の中にも子育てという課題をいままさに突きつけられている人は多いことでしょう。しかし、ワークライフバランスという言葉に踊らされてはいけません。30代の勝負に勝つためには、会社が要求する長時間労働からも上手に逃れ、男女共同参画という風潮とも徹底的に抗うしかないのです。なぜなら、いずれにしてもそれを許していると、自分が怠けるために都合のいい状況になってしまうからです。

教材を聞くときは速聴をすることによって、加速学習にも努めました。とにかく、30代は仕事と勉強を中心に考えることが重要です。とくに、**30代でついた勝ち癖が40代、50代に引き継がれていくように、30代でついた怠け癖は40代、50代になってもけっして抜けません。**そのためにも、30代は過飽和入力と加速学習の年齢だと心に決め、学びの回転数を上げていくことです。それが、潜在意識の中にいい情報をひたすら投げ込んでいくことにもなるわけです。

ワークライフバランスを考えるのは45歳になってからでいいのではないかと、私は思います。

むしろ、これまでに学んだことをさまざまな体験に落とし込んでいくことで、さらに自分のものにしていく作業が必要だと痛感するようになります。そのため、私の場合は、高級ホテルや世界の一流品といったものにじかに触れ、一流のサービスについて、あるいは本物のサービスについて、あれこれ学ぶようになっているわけです。生活にゆとりや潤いを取り入れながらさらに学ぶことができるわけですから、私にとって、これ以上のワークライフバランスはありません。

豊かなワークライフバランスは、30代を懸命に仕事と勉強の時間に充てた人のみに与えられると心得るべきでしょう。他人から「頑張りすぎだ」などと揶揄《やゆ》されたとしても、気にする理由はありません。常識を捨てた世界にこそ人生の成功があり、常識に囚われた世界にそれはないのです。

30代でやってはいけない10のリスト④

✕苦手な分野を頑張ってはいけない

人間には、いろいろな苦手があります。仕事の苦手、対人関係の苦手、生活習慣における苦手。ここで私がいう苦手とは、その不得手なことをやることによって時間をロスしてしまう物事のことです。

ひとつ断っておくと、仕事にかかわる分野では、苦手の克服はとても重要です。たとえば、風呂の4つの立て板のうち、ひとつでも長さが短いものがあれば、そこに溜めることのできる水は一番低いものが限界になってしまいます。4つの立て板の長さにバランスがとれてこそ、その器に溜めることのできる水の量が増えるのです。これは、人間の成長についても同様です。ですから、こと仕事について、あるいは夢や目標を達成するために必要な勉強における苦手は克服すべき対象です。

しかしながら、たとえば英語が苦手という場合はどう考えたらいいでしょうか。

たしかに英語は、これからの日本の産業の変化を考えたとき、とても重要なスキルになるでしょう。日本の企業はどんどん海外に進出するはずですし、海外の企業を傘下に収めたり、逆に海外企業に買収されたりすることも起こると予想されます。日本人だけで仕事をすればいいという環境ではなくなりますから、国際公用語といわれる英語を使いこなせれば、それだけ仕事はやりやすくなるといえます。

ところが、**英語という苦手を克服するために勉強時間を割くとなると、本当にそこまで必要だろうかと考えさせられてしまいます。なぜなら、英語は単なるコミュニケーションツールであり、それができたからといって仕事ができることにはなりません。**仕事の能力向上のためには、仕事の知識や技術を身につけることが本義であり、語学は関係ないことなのです。

たとえ日本語しか話せないとしても、あなたがもし本当に素晴らしい知識と技術を身につけた人ならば、外国人がお雇い通訳を伴ってあなたのもとを訪れて、「話を聞かせてください」というでしょう。また、あなたが外国人から何かを学ばなければならない場合も、通訳を雇って勉強する方法をとることもできるでしょう。

英語という苦手なツールの使い方を習うために、時間をとられるのはバカバカしいことです。ですから、英語が苦手だから英語の勉強をするという発想をせずに、仕事の知識や技術のみに集中すべきなのです。

自分の仕事において何がコアなのかを明確にし、そのコアにない苦手分野は頑張って克服しようと考えてはいけません。

精神的なゆとりを失うことで生じる、「ねばならない」という意識は、あらゆる点で潜在意識にマイナスの記憶として刻まれます。「ねばならない」と感じる苦手分野があるならば、思い切ってそれを「やらない」と決めることも重要なポイントです。

苦手なものを学ぶのは、ゆとりのできた40代からでもいいのです。

×資産運用を考えてはいけない

ここ数十年来、金融投資が盛んです。給料がなかなか上がらない状況がつづいているため、猫も杓子も投資、投資とブームになっています。いまや携帯電話ひとつで金融投資が行える時代ですから、「私もいっちょう」と考えても不思議はありません。

ただ、人生の成功を追い求めようとする30代の人は、資産運用に頭を使ってはいけません。定期預金を組んだり個人国債を購入したりする程度のことはいいとしても、株式や外国為替でひと儲けを考えることほど時間を浪費することはないからです。

私の知り合いにもセミプロ級の投資家がいますが、彼は朝から晩まで金融情報の収集や分析に時間を使っています。夜は夜で、ヨーロッパの金融市場、アメリカの金融市場の動きを注視し、何が市場の話題に上っているかチェックを欠かすことができません。大金を投じていますから、何か事件が起こったときは眠れない夜を過ごさなければなりません。

いったいそのためにどれほど多くの時間を費やしているのかと、その知り合いを見て、私は呆れてしまうほどです。

ここまで本気の投資をしていないとしても、資産運用を行う人は毎日の株価や金利が気になるものですし、たくさんの経済情報を自ら求めてインプットせざるをえなくなります。その結果、仕事の知識や技術に対する勉強がおろそかになり、結局は、夢や目標の達成もできなくなるのではないでしょうか。

資産運用を考えるようになると、人間は守りに入ってしまいます。少しでも効率のいい運用をしたいという気持ちは、裏を返せば、絶対に損をしたくないという気持ちがあるはずです。損をしたくないという意識ほど、不幸なものはありません。

わずか1万円や10万円の損失を出さないために、１０００万円や1億円でも買えないような貴重な時間を無駄にしてしまうからです。また、損をしたくないと意識することは、損をするかもしれないという恐怖心を潜在意識に溜め込むことでもあります。いい記憶を潜在意識に残し、その潜在意識に身をゆだねることが人生の成功につながるはずなのに、自ら悪い潜在意識を溜め込む原因をつくってしまうわけですから、これほど割に合わない行為も見当たらないといわなければならないでしょう。

私は、資産運用に頭を使う時間があるならば、それを自分の成長に資することに費やさなければ嘘だと思います。

資産運用よりも自己投資なのです。

自己投資は、直接にお金を増やす行為ではありません。むしろ短期的にはお金を使う行為です。とはいえ、そこには原因と結果の法則が働いて、それは必ず、将来の大きな成果として自分に返ってきます。**財産は、資産運用によって何倍にも増やせるかもしれませんが、自己投資によって将来つかむことのできる人生の成功は、資産運用で得られるそれよりも桁違いに大きいということを理解すべきでしょう。**

私は、すでに述べたように、お金を淀ませるような使い方をしてはいけないと考えています。多額の金融資産を持っている人はいざ知らず、資産運用で財産を増やそうと考えることそのものが、すなわちお金を淀ませ、成功の芽を摘み取る行為だと心得ておくべきでしょう。

30代でやってはいけない10のリスト⑥

✕お酒を飲んではいけない

人はなぜお酒を飲みに行くのでしょうか。

統計を取ったわけではありませんが、バーの経営者いわく、お酒が好きで飲みに来るという人は2割に満たないほどしかいません。残りの5割以上の人がなぜ飲みに来るのかといえば、話をしたいとか、独りでいるのはつまらないとか、解放感に浸りたいといった理由です。酒場の雰囲気が好きで飲みに来るという人は、だいたいみな、この範疇《はんちゅう》に入るのではないでしょうか。

では、残りの3割はどういう人かというと、上司や仲間とお酒を飲んだ後に、口直しのためにお酒を飲むという人たちです。上司や仲間と飲んだけどあまり気分のいいお酒ではなかったために、ひとりで口直しにウィスキーを引っかけ、2、3曲歌を歌って気分を整えるわけです。

こうしてみると、これだといえるような特別な効用は、お酒を飲む動機からはなかなか見つけることができません。私は、人はいったい何のためにお酒を飲むのかと不思議に思ってしまいます。

経験的にいって、お酒を飲んでいる席で相手と真剣な話ができたという記憶が、私にはありません。盛り上がって話に花が咲いても、翌日には、「ああ、あれね、大声で話してたな」程度のことです。酒の席のアイデアも、そのときはいかにもいいアイデアだと感じても、酔いがさめてみると、何やらつまらない思いつきになっています。

私は、このことに気づいたあるときから、お酒を飲むことをきれいさっぱりやめてしまいました。たしかに、お酒を飲んで騒ぐことが楽しいと感じる一時期がありましたが、その楽しさと引き換えに人生の貴重な時間を浪費するのだとしたら、比較にならないほどもったいないことだと考えたのです。その分の時間を勉強に費やしたほうが、よほど成果が得られます。そして、成果を出していく楽しみをお酒で奪われるのは、いかにもつまらないことだと感じるようになりました。

お酒を飲みに行かないことの効用は、第一に、時間にゆとりができることです。飲んでしまうと、家に帰ってからも何もできません。ひどく酔ってしまえば、そのままベッドに直行することにもなり、翌日の朝の時間にまで影響します。それがいっさいなくなると、自分の時間がものすごく有効に使えるようになります。

第二に、健康面の自己管理が容易になったことでしょう。いまの30代に多くはないと思いますが、私が30代のころは、明日も仕事があるのに午前2時、3時まで飲んでいる人がけっこういたものです。終電がないため、サウナやカプセルホテルでひと眠りするわけですが、これがすこぶる健康によくありません。

50歳前後の若さで糖尿病や高脂血症などにかかった人の中には、若いころから飲酒の習慣がついてしまった人が思いのほか多く見つかります。50代といえば、これから人生の仕上げに向かう時期です。そのときに、他人より早くガタがきているわけですから、お酒は罪なものと思わないわけにはいきません。

そして、第三は、これが最も重要なことですが、惰性によるお酒のつき合いは、潜在意識の活動を鈍らせるだけでなく、潜在意識に悪い記憶を入れることになる大きな原因です。

いつもどおりの酒席で交わされる会話は、たいてい愚痴であったり、他人の悪口であったりするものです。話している本人にとっては気晴らしでしょうが、それを聞く人はたまったものではありません。「そうだ、そうだ」と同意すれば、やり玉に挙がっている人物に対する悪い感情が残りますし、「そうじゃない、違う」と反発すれば、今度は話している相手に対して悪い感情が残るでしょう。そうした感情が折り重なれば、それが潜在意識に蓄積し、他人を肯定的に捉えることができなくなります。

もちろん、お酒を飲みながら打ち解けて情報交換をするとか、食後のおつき合いで楽しい時間を過ごすということをすべて否定するわけではありません。しかし、**自分の時間をつくり健康を管理するためには、やたらとお酒を飲みに行く習慣は30代でしっかりと断っておくべきです。上司や仲間とお酒を飲みに行くことも、この際、すべてやめてしまうことを、私はお勧めします。**

「つき合いの悪い奴」「あんなことで部下がついてくるわけがない」そんな陰口はいわせておきましょう。自分を磨き、仕事で成果を出せばいいだけの話です。慣れ合いで酒席をともにする人よりも、流されないで結果を出せる人のほうが、魅力とエネルギーに溢れた人間とみなされることを忘れてはいけません。

30代でやってはいけない10のリスト⑦

✕エコノミークラスに乗ってはいけない

隅々にまで経費削減の思想が行きわたり、東京―大阪間の新幹線を「のぞみ」にするだけで、会社から理由を求められる時代です。海外出張に行くとき、30代でビジネスクラスに乗ることのできる人は、そう多くないと思います。

しかし、仕事で航空券をあてがわれたとき以外は、エコノミークラスに乗ってはいけません。なぜ、そんな背伸びを勧めるかといえば、自分の理想の姿に強いリアリティーを与えるためです。

たとえば、あなたがビジネスクラスに乗るとすれば、そこにいるのは大企業の課長さんや部長さんといった立場の人でしょう。かりに、あなたがファーストクラスに乗るとすれば、大企業の役員や社長さんがいるはずです。彼らはみな、堂々とした身なりをして、ごく当たり前だという顔でくつろいでいるはずです。

社会的に高い立場の人とこのような狭い空間を共有するという経験は、ほかでは味わえないはずです。あなたは、会員制のＶＩＰクラブに足を踏み入れる機会があるわけでもないし、経営者団体の会合に出るような機会もありません。飛行機のビジネスクラスやファーストクラスだから可能になることなのです。しかも、飛行機の場合は、ちょっと高額のチケットさえ買えば、それができるわけです。

あなたには、居心地の悪い空の旅になるのかもしれません。

しかし、社会的に高い立場にいる人たちの立ち居振る舞いを見ることは、大いに勉強になるはずです。互いに交わすちょっとしたあいさつの仕方、キャビンアテンダントへの接し方、身だしなみ、あるいはくつろぎ方の流儀、そうした立ち居振る舞いはすべて将来のあなたが行うものであるはずです。

したがって、居心地は悪いかもしれませんが、あなたもビジネスクラスやファーストクラスの乗客の仲間入りをした自分に強いリアリティーを与え、その一員として振る舞うことです。その数時間の経験は、人生の成功に向かって自分がこれから何をやるべきかということを、あなたによく理解させてくれる経験になることでしょう。ビジョンが生まれ、ビジョンが強化されるのは、ふだんとまったく異なるこうした環境に身を置いて自分を見つめ直すときだからです。

コーチングの手法としてよく指摘されることですが、自分が快適だと感じるコン

フォートゾーンから一歩踏み出すことは、とても重要です。その環境がすぐには快適と感じられないとしても、それが自分の新しいコンフォートゾーンになるように努力していくことです。

ビジネスクラス、そしてファーストクラスに乗ることが快適なことに感じられるようになったとき、あなたは明確な自分の成功イメージを持つことに成功しているはずです。その成功イメージは、あなたの潜在意識にしっかりと刻み込まれ、それがあなたを人生の成功に導いてくれるのです。

ですから、海外旅行に行くときは、エコノミークラスに乗ってはいけないのです。

30代でやってはいけない10のリスト⑧

✕ユニクロを着てはいけない

世界の一流ブランドの洋服や靴、そして服飾品には、そのブランドにのみ備わった価値とオーラがあるものです。服飾の専門家はみな、このことを認めていますし、これを否定する人はまずいません。

私は中途半端に高価な服装をすることをお勧めするつもりはありませんが、服飾の専門家同様に、本物を身につけることに大きな価値があると考えています。その理由は、世界の一流ブランドは、着る人を非常によく選ぶからです。

たとえば、私がエルメスの洋服を着ようとし始めた30代のころ、それは私をなかなか寄せつけてくれませんでした。着る本人の外見がカッコいいとか悪いとかの問題ではありません。私は体を鍛えていましたし、きちんと着こなしよく着ることはできました。ところが、正直にいえば、そのエルメスの洋服はけっして自分に似合ってはくれませんでした。

思うに、私の中身とエルメスとが、まだ十分に釣り合っていなかったということでしょう。そのくらい、一流ブランドは、着る人を選ぶわけです。

こういう話をすると、「だから一流ブランドは好きじゃない」という人がいます。「気取らなくたって質実剛健、ユニクロで十分だ」というわけです。

しかし、私はそうは思いません。エコノミークラスに乗ってはいけないというのと同じ意味で、だからこそ世界の一流ブランドを着ることが重要だ、と私は考えます。

もちろん、高いブランドを着てこれ見よがしに歩いても、意味がないことはいうまでもありませんし、また、ユニクロの存在を否定しているわけでもありません。私が言いたいのは、どういう自分になれば、一流ブランドの洋服や服飾品が似合うのか。それが似合う自分になることを模索する点に、意味があるということなのです。

じつは、仕事のできる人や一流の人は、相手の服装や着こなしをそれとなく見ているものです。日本でも「足元を見る」という言葉や、「眼鏡は信用の一部」という考え方があるように、外見から人を判断することの重要性は間断なく指摘されてきました。なぜ外見で判断するかといえば、それがその人の文化レベルや知的レベルを如実に表しているからです。

質実剛健も悪いことではありません。ただし、そこにとどまっているかぎり、それ以上の成長は望めません。思い切って一流ブランドに身を包み、外見における従来のコンフォートゾーンから踏み出してみることも、人間に成長を促す大きな要因のひとつです。

私は30代になって、このことを意識すると同時に、身づくろいの重要性をも意識しました。たとえば、ネイルケアで爪をきれいにするなど、細かいところに気を遣って手入れをするようになりました。その理由は、本当に仕事のできる人たちは、相手の細かな身づくろいを見て、人物評価をすることに気づいたからです。外見さえ整えればいいということではなく、それを自然にできる自分になることで、あらゆる仕事や勉強に対する取り組みが変わってくるわけです。

「外見を整えたって、中身が変わらなきゃね」というのは半面の真実でしかありません。外見を整えることによって変わる中身もある、ということです。

ですから、「ユニクロで十分だ」という考えを捨てましょう。**世界の一流ブランドを着ることでしか理解できないことを知る機会を自分に与えましょう。**その経験もまた、潜在意識にプラスの記憶として残り、あなたを成功に導いてくれるはずです。

30代でやってはいけない10のリスト⑨

✕欲で結ばれる人間関係をつくってはいけない

人生を導いてくれるものは、人間関係だけであると、私は先に、その大切さをお話ししました。

私が講演で人間関係について述べたときなどに、「井上さんはいいですね。ビジネスパートナーも人脈もたくさんあって」という反応が返ってくることが多々あります。みなさん、人間関係と、ある意味でその反対側にあるビジネスパートナーや人脈というものを、まるで誤解しているようなのです。

たとえば、私はたくさんの素晴らしい方とつながりがあり、彼らも私のことを友だちや仲間だと感じてくれていると思います。そういう人たちから、「いま、こういうことを考えているんだけど」と申し出があれば、「それなら、私はこういうふうに協力しますよ」と、電話ひとつですぐに協力関係が生まれます。

お互いに信頼しているわけですが、この協力関係は、利害関係とはまったくの別物です。お金が儲かるとか、仕事になるというのではなく、そうすることに意味があり価値があると思うから、お互いに動くのです。

じっさい、その行動に金銭の見返りが伴うことはありません。そういう話なら、私に話を持ってくるよりも、別にもっといい人がたくさんいるでしょう。私も、金銭的見返りを求めるなら、「協力します」とはならないでしょう。ビジネスのことを考えるなら、その時間を歯科医師という本業に費やしたほうが桁違いにいいわけです。

私にとって人間関係は、利害ではなく感謝によって結ばれているものです。

ところが、**一般的には、人間関係は人脈であり、ビジネスパートナーでもあると理解されています。つまり、人間のつながりがすべて利害関係によって結ばれているかのように錯覚しているのです。私は、それを「欲で結ばれた人間関係」とあえて定義しなくてはならないと考えます。**

人間と人間のつながりが欲を土台にしていれば、それほど脆《もろ》いものはありません。金の切れ目が縁の切れ目ということでしょう。欲を土台にすれば、人間関係はすべて目先の損得に還元されてしまいます。

そんな脆いつながりによって、人間は果たして成長するものでしょうか。私は、そこに成長はありえないと思います。人間は利害で成長するものではないからです。成長がないならば、それは本当の意味での人間関係でありえないのではないでしょうか。

私には、人脈というものがありません。本当に、たったひとりとして、思い当たらないのです。また、世間一般が友だちというような相手もいません。

もちろん、私がひとり孤独にしているのかといえば、そうではありません。私が仲間だと思う相手が入れ替わり立ち替わり連絡を取ってきたり、訪ねてきたりします。しかし、そこにはやはり、ウエットな友だち関係はなく、じつにあっさりしたものです。

会って彼らの成長を目撃すれば、私も刺激を受けますし、成長するためのパワーがさらに湧きます。しかし、そこに利害が介在すれば、私は刺激を受けることはないし、パワーが湧いてくるはずもないわけです。

私は、素晴らしい人との出会いを求め、その人から学んでくださいと、よくお話しします。しかし、本当に素晴らしい人とおつき合いをするためには、欲や利害でつき合おうとしてはいけません。

欲や利害を意識すれば、潜在意識はけっしていいほうには働いてくれません。素晴らしい人とおつき合いする機会に恵まれても、その人の本当の生き方は見えてこないし、見えないものから学ぶこともできないのです。

生き方を学ぶことができないところに、本当の人間関係は生まれません。欲で結ばれる人間関係をつくってはいけないのです。それは、自分の成長を阻害する、何よりも大きな要因になることでしょう。

×「失敗した」と考えてはいけない

人生をよい方向に導くための一番のポイントは、すべての出来事にプラスの意味づけと解釈をすることしかありません。

何かに躓《つまず》いたり失敗したりすると、ほとんどの人が後悔の感情を持ち、その出来事にマイナスの意味づけと解釈を行います。たとえば、「だから、オレはダメなんだ」と自分を責めたり、「あいつが悪いんだ」と他人を攻撃したりするでしょう。人はふつう、マイナスの出来事に対して批判やネガティブな感情を持つことが習い性になっているわけです。

ところが、私はこのようなとき、「それはそれでいいんだ」と考えます。「こういう機会を経験ができた自分だからこそ、次は必ず成功するし、もっと飛躍することができる」と、その出来事に対してプラスの意味づけと解釈を行うのです。

たとえば、仕事で大きな損失を出して取り返しがつかない場合、「どんなに前向きに考えても、巨額損失をカバーできるわけがない」と悲嘆にくれるのがふつうです。

ところが、私は、「こうなってしまったことは、もう仕方がない」と考えます。そして、「この機会を経験した自分にしかできないことがあるに違いない」と決意し、自分を奮い立たせます。その強い思いがあるかぎり、たとえどれほど巨額の損失を出したとしても、やはり私は失敗という意識をいっさい持つことがないのです。

さて、ネガティブな感情を持つか、プラスの感情を持つかが、なぜ重要なのでしょうか。それは、**プラスの感情を持つことが、自分の潜在意識をコントロールする唯一の方法だからです。**

私は、もともと物事をプラスに捉える思考が比較的に身についているほうでした。自分を信じる気持ちも、同世代の中では強かったと思います。おそらくは、両親がそうした考え方を持っていたため、その影響を受けたのでしょう。

あるとき自己啓発の勉強を始めた私は、潜在意識の働きに興味を覚えました。自己実現の方法を述べた書物には、潜在意識の中で強く欲していることを、人間は自分でも知らないうちに実現してしまうということが書かれていました。このとき、物事をプラスに考えることの重要性を、私は以前にも増して理解したのだと思います。そこに書いてあることと、失敗を失敗と捉えない私の考え方とが、ある意味でぴたりと符合したのです。

潜在意識についてはすでに述べましたが、そこに溜め込まれている記憶には、いいものと悪いものとがあります。潜在意識の中のいい記憶は、人生をいいほうに導きますし、悪い記憶はそれを悪いほうに導きます。

とすれば、いい記憶を潜在意識の中に投げ込み、逆に悪い記憶がそこに入り込まないようにしてやることで、自分の潜在意識をコントロールすることもできるはずです。潜在意識にいい記憶しか投げ込まなければ、潜在意識が引き寄せる出来事はいいものしか起こりません。いいものだけが引き寄せられるとすれば、人生の中で悪いことは起きようがないわけです。

そう考えた私は、何か失敗しても、それをもっとプラスの記憶に変える習慣を身につけることを意識するようになりました。自分の潜在意識を大切にし、そこにいい記憶だけを注入することを考え、後は潜在意識の力を信じて身をゆだねることにしたのです。

最初のうち、それは自分でも取ってつけたように感じるプラスの意味づけと解釈だったのかもしれません。しかし、1年、2年とつづけているうちに、不自然なところを何も感じないほど、それが私にとって当たり前の思考になっていきました。そして、私の中に、マイナスの出来事に対してすぐにプラスの記憶に自動変換する思考回路が生まれたように思います。

その結果、仕事や勉強がうまくいくだけでなく、考えているとおりの人生を不安も恐怖もなく歩くことができると確信するようになりました。そして、この因果関係が成り立つことは、私が歩みつつある人生が実証しているのではないかと考えます。

私は、これを**「潜在意識の黄金のルール」**と呼んでいます。

つまり、潜在意識の入口の部分をコントロールし、出来事によって生じる意識を、「成長」「愛」「貢献」「感謝」「思いやり」に結びつけてプラスの記憶に自動的に変換するように思考回路をつくります。これは練習することによってできるようになります。

すると、この自動変換された意識は、やがて忘れられた記憶として潜在意識の中に投げ込まれることになります。それをつづけていると、いずれ潜在意識の大部分がプラスの記憶で満たされることになります。

そうやって生み出された、悪い記憶が投げ込まれていない潜在意識は、人生をいい方向にしか導いていきません。とすれば、人生においてすべてうまくいくことが確約

されているのと同じことです。確約されているのですから、私たちは潜在意識を信じて身をゆだねるだけでいいわけですが、そのためにも、けっして「失敗した」と思ってはいけないわけです。

これは、人生を成功に導く方法論の中でも、根幹をなす法則です。

人生の成功を手に入れるために、一生懸命努力をつづける人は、この黄金のルールをぜひ身につけてください。そうすれば人生において失敗は存在しなくなり、その先には潜在意識が導く素晴らしい人生の成功が必ず待っているはずです。

★30代で人生を変える言葉56

自由に選択できる人生はすぐそこに待っている。30代で「理想の自分」を手に入れろ！

第7章まとめ

●ぎちぎちの計画を立てない
●用事をメールで片づけるな
●ワークライフバランスを考えてはいけない
●苦手な分野を頑張ってはいけない
●資産運用を考えてはいけない
●お酒を飲んではいけない
●エコノミークラスに乗ってはいけない
●ユニクロを着てはいけない
●欲で結ばれる人間関係をつくってはいけない
●「失敗した」と考えてはいけない

あとがき

この本を最後まで読んでいただき、ありがとうございました。

私は本書に書いた考え方により、自分自身の潜在能力を引き出し、人生、ビジネスの成功において、最も重要なことを手に入れることができました。そして、自分の体験したことを通じて、そのメッセージをひとりでも多くの人に伝えたいと思っていました。

この本も、「書店で多くの方に購入していただき、たくさんの方に受け入れられている自分」を想像し、勇気をもらいながら本気で書き上げたものです。その中でも、

人生をけっして諦めないこと。

この思いこそが、とても大事なのだと、本書を書き終えたいまだからこそわかります。

人生は本当にいろいろなことがあります。とくに30代という人生の分岐点では悩んだり、苦しんだり、不安になったりすることもあると思います。

でも、大丈夫です。

絶対に大丈夫なように人生はなっています。そしてその苦労はあなたが自分の進むべき道を歩み始めたとき、多くの方を励ます希望になります。

だから30代というこのタイミングで、勇気をもって一度かぎりの人生を思いっきり、あなたらしく楽しんでください。

そして自分の理想の人生を大切にしてください。行動が変われば、現実に変化が起こります。夢や目標は必ず叶います。なぜなら、私にもできたのですから。

だからあなたにも、きっと自由に選択できる人生がすぐそこに待っています。

イキイキとした自由に選択した人生を手に入れたあなたと、直接お会いできる日が来るのを楽しみにしています。

またこのたび、みなさまのお陰で本書のＤＶＤ化が決定しました。

全国のＴＳＵＴＡＹＡ（一部店舗省く）で２０１１年10月レンタル開始予定です。

ぜひ、多くの方に観ていただきたいと思っております。

最後に本書を世に出してくれたフォレスト出版の太田宏社長、編集を担当してくれた長倉顕太さん、清水悠貴さんにあらためて感謝いたします。

井上　裕之

〈著者プロフィール〉
井上裕之（いのうえ・ひろゆき）
歯学博士、経営学博士、コーチ、セラピスト、経営コンサルタント。
医療法人社団 いのうえ歯科医院理事長。

島根大学医学部臨床教授、東京歯科大学 非常勤講師、北海道医療大学 非常勤講師、ブカレスト大学医学部客員講師、ニューヨーク大学歯学部 インプラントプログラムリーダー、ICOI 国際インプラント学会 Diplomate、日本産業心理コンサルティング協会認定コンサルタント、
溝口メンタルセラピストスクール 公認メンタルセラピスト、メディカルパーソナル・アドバイザー、
日本コンサルタント協会認定パートナーコンサルタント。

1963 年北海道生まれ。東京歯科大学大学院修了。
歯科医師として世界レベルの治療を提供するために、ニューヨーク大学をはじめ、海外で世界レベルの治療を取得。
その技術は国内外で高く評価されている。多くの患者様に最新の情報、知識、技術を提供し支持されている。
また、医療技術を提供するだけでなく、患者様にホスピタリティを提供できる病院になることが、
病院経営としても、患者様に最高の医療を提供するためにも必要であるという答えに行きつき、
コミュニケーションを使った病院内のインターナル・マーケティングと医師と患者様のコミュニケーションの改善のアドバイスを行っている。
そして、世界中のトップ企業の経営者に支持された様々なプログラムを、医師と病院経営者という独自の視点と経験で応用してアドバイスを行うメディカル・パーソナルアドバイザーとしての活動は、医療関係者だけでなく、一般企業の経営者や教育者などにも注目されている。

主な著書に『自分で奇跡を起こす方法』『すぐにケータイをかけなさい!』『奇跡力』『コーチが教える！「すぐやる」技術』（フォレスト出版）、『奇跡を起こす７つの習慣』（ビジネス社）、『「なぜか、あれこれ悩んでしまう」がなくなる 18 の習慣 』（アスコム）、『わたしの人生に奇跡を起こした マーフィー100 の言葉』（きこ書房）、『カン違いを続けなさい！』（アチーブメント出版）など多数。

＜井上裕之公式サイト＞
http://inouehiroyuki.com/

■編集協力　岡本聖司
■カバーデザイン　宮崎謙司（lil.inc）
■本文デザイン　野中賢（株式会社システムタンク）
■DTP 白石知美（株式会社システムタンク）

30 代でやるべきこと、やってはいけないこと

2011 年 7 月 30 日　　初版発行
2011 年 8 月 25 日　　7 刷発行

著　者　井上裕之
発行者　太田　宏
発行所　フォレスト出版株式会社
〒 162-0824 東京都新宿区揚場町 2 － 18　白宝ビル 5F
電話　03 - 5229 - 5750（営業）
03 - 5229 - 5757（編集）
URL　http://www.forestpub.co.jp

印刷・製本　中央精版印刷株式会社

ISBN978-4-89451-452-2　Printed in Japan

井上裕之のベストセラー

「幸運を呼びこむ12の法則」とは？

奇跡力

あなたも奇跡力を持っている！

著者自身が事故にあったときの奇跡体験、
ヘレン・ケラー、キング牧師、
チョムスキー教授…などから導き出された
奇跡の法則

井上裕之 著
定価1365円(税込)
ISBN978-4-89451-418-8